심령과학 시리즈 13

死者는 살아있다

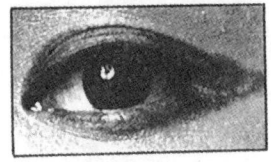

올리버 롯지 / 저
하재기 / 역

瑞音出版社

역자 서문

　세상을 떠난 부모나 형제, 또는 사랑하는 자식이나 친한 사람들은 사실은 죽은 것이 아니라 다만 모습을 바꾸어 생존하고 있을 뿐이다. 그 사후(死後)의 생명이란 대화를 나누는 일이나, 때로는 농담을 나누며 유쾌하게 웃을 수도 있다.
　실제로 이런 일이 있을 수 있다면 온 인류의 슬픔이나 고통의 대부분은 이 지상에서 사라질 것이다. 하지만 이런 말을 하면 웃음거리가 되거나 미친 사람 취급을 받을 것이다.
　그러나 여기에 그와 같은 일을 실제로 경험한 인물이 있다. 더구나 그 사람은 방금 말한 것과는 전혀 어울리지 않는 훌륭한 과학자이며, 오늘날 세계의 지성을 대표한다고 해도 과언이 아닐 세계 최고의 물리학자 중의 한 사람으로서, 세계적으로 그 권위를 자랑하는 영국의 명문대학 리버플 대학의 학장을 역임하고 있는, 현대 물리학의 발전에 큰 업적을 남기고 있는 올리버 롯지 교수이다.
　〈죽은 아들 레이몬드와 유쾌하게 대화를 나누었으며, 때로는 재치있는 농담까지 나눈 대학총장, 세계 최고 두뇌의 이야기!〉
　이 책은 이처럼 많은 사람들의 흥미를 끌기에 충분할 뿐만 아니라, 또한 사랑하는 사람과 사별(死別)한 사람들에게 큰 위안을 줄 관심거리가 될 것이다. 더구나 이 책에는 이런 종류의 이야기에서 흔히 발견되기 쉬운 기분나쁜 점은 조금도 없다. 따라서 있는 것이라고는 불가사의한——그것은 실로 불가사의에 넘친——흥미있는 사실뿐이다.

그러므로 이 책은 단지 흥미있는 이야기 책으로서는 손꼽히는 책이면서도, 아울러 훌륭한 문학작품으로서도 조금도 손색이 없는 높은 문학적 향기를 지니고 있다. 그러나 이 책의 참다운 가치는 실로 그런 점에 있는 것은 아니다.

그것은 이 책은 백 년에 한 번 나올까 말까 하는 중요한 과학서적이라는 점이다.

롯지는 확신을 가지고 다음과 같이 충격적인 단언을 내리고 있다.

'생명에는 죽음이라는 것이 없다. 생명은 육체가 죽는 순간에 그 모습을 바꿀 뿐이다. 따라서 인간의 인격은 육체가 죽은 후에도 남아 있으므로 그 남아 있는 인격과 의사를 교환하는 일은 어렵긴 해도 불가능한 일은 아니다. 이것은 엄연한 과학상의 사실이지만 사람들은 이를 쉽게 믿으려고 하지 않았다. 왜냐하면, 지금까지의 과학의 태도나 방법이 그렇게 인도해 왔을 뿐 아니라, 이 문제를 탐구할 수 없게 했기 때문이다.'

역시 상식적인 사고방식에 젖어 있는 우리들로서는 롯지의 말을 즉각적으로 받아들여 믿기는 어려울 것이다. 그러나 그것은 롯지의 설(說)에 책임이 있는 것이 아니라, 우리들의 상식 쪽에 책임이 있다는 것을, 이 책을 솔직한 기분으로 읽어본다면 누구나 알게 될 것이다.

그건 그렇고, 롯지는 지금까지의 과학의 편견과 상식을 어떻게 타파하고 이 인류 최대의 관심사를 과학적으로 증명했는가?
 그것은 한 마디로 말해서, 롯지는 지금까지의 과학이 결코 정면으로 부딪치지 않았고, 또 부딪칠 수도 없었던 생명 그 자체를 정면으로 규명하는 새로운 과학을 창조했기 때문이다.
 이 책이 백 년에 한 번 나올까 말까 하는 과학상의 귀중한 저작이라고 한 것은, 이 책은 과학과 인류의 미래를 바꾸어 가는 힘을 지닌 책이기 때문이다.
 그와 더불어 훌륭한 점은 이러한 큰 문제, 어려운 문제를 누구나 쉽고 재미있게 읽을 수 있도록 썼다는 점이다.

1994년 8월

저자 서문

　인간의 인격은 육체가 죽은 후에도 살아 남으며, 그 인격과 의사를 나누는 일도 불가능하지는 않다——이것은 내가 과거 30년에 걸쳐서 연구해 온 결과 내린 결론이다. 하지만 이 결론은 과거의 과학상의 새로운 발견이 거친 것과 똑같은 운명을 거치게 되리라는 것도 나는 충분히 생각하고 있다.
　즉 모든 새로운 발견은 항상 처음에는 조소나 냉소를, 그리고 몇 번인가의 혼란 과정을 거쳐 마지막에는 극히 단순한 진리로서 인류의 공유자산이 되었던 것이다.
　흔히 새로운 발견이라는 것은 그것이 참으로 새로운 발견인 경우, 세상 사람들의 상식이나 과학자들의 상식에 어긋나거나 상식을 초월한 것이기 때문에 그렇게 되기 마련인 것이라고 생각한다.
　나 자신 지금은 인간의 인격(생명)이 사후에도 살아 남는 것은 너무나도 당연한 사실, 단순한 사실에 지나지 않는다고 생각하고 있지만, 지금까지의 연구과정에서는 아무래도 그렇게 생각하지 않았었다는 것을 고백하지 않을 수 없다.
　나는 전에 물리학상의 새로운 발견에 직면했을 때의 물리학자의 기분을, 낡고 한 쪽 구석에 버려진 채 있는 오르간의 건반을 제 멋대로 두들기고 있는 사이에 오른간에 숨겨져 있는 알지 못했던 힘이 갑자기 아름다운 음색을 발한 것을 듣고 깜짝 놀라는 소년의 기분에 비유한 적이 있었다. 과거의 위대한 발견은 이와 같이 해서 햇빛을 보게 된 것이다. 그리하여 소년의 손가락은 오르간으로부터 언제든 그 숨겨진 아름다운 음색을 끄집어 낼 수 있게 된다. 하지만 소년의 손가락과 마음은 기쁨으로 떨리고 있어 거의 두려운 기분에 사로잡혀 있다. 방금 이 책을 발표하는 나의 기분은 이 소년의 마음과 같다.

이 책의 주제는 매우 중대하다. 하지만 동시에 세상 사람들에게 극적으로 받아들여지기에는 너무나도 이 세상의 상식과는 먼 거리에 있다. 그래서 나는 본론으로 들어가기에 앞서서 몇 마디 해 두고 싶다.

그것은 다음과 같은 것이다.

(1) 이 책은 생명 그 자체를 대상으로 한 책이다. 과학은 생명 그 자체를 정면으로 문제삼았던 일은 아직 한 번도 없었다고 한다면 사람들은 오히려 이상하게 여길지도 모른다. 하지만 내가 하는 말의 뜻을 이 책을 읽어 감에 따라서 독자들이 자연적으로 알게 되리라 믿는 바이다.

(2) 이 책은 Ⅰ, Ⅱ부로 되어 있다. 이 책은 인간의 인격은 육체가 죽은 후에도 여전히 살아 있으며, 그 인격과의 의사교환도 가능하다는 것을 보여주는 사실을 풍부하게 소개하는 제Ⅰ부와, 이들 사실에 대한 나의 생각을 설명한 제Ⅱ부로 되어 있다.

제Ⅰ부의 풍부한 사실들은─그것은 독자 여러분에게는 아주 신기한 사실일 것이다─독자에게는 큰 매력이 될 것이다. 그래서 제Ⅰ부만을 읽는 독자나 제Ⅰ부에서 큰 마음의 위안을 얻는 독자가 많으리라고 생각된다. 하지만 저자의 욕

심 같아서는 제Ⅱ부의 해설편까지 꼭 읽어 주었으면 한다.

나는 제Ⅱ부에서는 이들 사실이 지닌 의미에 대해 나의 생각을 피력함과 동시에, 어째서 이 문제가 아직까지 과학적 문제가 되지 않았는가, 사람들에게 어째서 과학상의 사실로서 받아들여지기 힘들었는가, 하는 이유에 대해서도 설명해 두었기 때문이다.

(3) 어떤 종류의 감정은 과학과는 아무 관계가 없다. 이 책이 사랑하는 사람과 사별한 사람들에게 있어서 큰 위안이 된다는 것을 나는 기쁘게 생각한다. 하지만 한 마디 해 두고 싶은 것은, 내가 이 책을 쓴 첫째 목적은 우선 과학적인 사실로서 이 서문에서 언급한 바와 같다.

그래서 이런 종류의 책에 대하여 아무래도 사람들이 갖는 어떤 종류의 감정 —— 공포나 기분나쁘게 생각하는 등의 —— 이나 거의 무시하는 태도와 그 반대되는 근거없는 반발, 이와 같은 감정은 모두 과학적인 탐구와는 인연이 먼 것이며, 전적으로 무지(無知)에서 오는 것이라고 말해 두고 싶다.

이런 종류의 감정은 적어도 일단은 버리고 이 책을 읽어 달라는 마음에서 나는 해설적인 제Ⅱ부를 썼다.

死者는 살아 있다 • 차례

역자 서문 ——————————————— 7
저자 서문 ——————————————— 10

제 I 부 저승으로 간 사랑하는 아들과의 교신

- 역자로부터 독자에게 ————————— 16
- 레이몬드와 그의 가족 ————————— 17
- 퍼어너스의 메시지·1 ————————— 21
- 레이몬드의 출현 ——————————— 26
- 테이블 교령회 ———————————— 32
- 노오만과 미첼 ———————————— 37
- 확증을 위한 시도 ——————————— 42
- 가족의 회의심과 변화된 교신의 내용 ——— 47
- 가족 교령회 ————————————— 52
- 퍼어너스의 메시지·2 ————————— 62
- 강력한 증거 —— 단체사진 ——————— 67
- 소넨션씨의 아들 ——————————— 78
- 영매와 배후령 ———————————— 85
- 인격이 죽은 후에도 살아 남는다는 교차통신 — 92
- 자연스럽게 일어난 교차통신의 실례 ——— 99
- 오렌지 부인의 이야기 ————————— 103

미스터 잭슨 ——————————————— 111
레이몬드의 수색지령 ————————————— 115
레이몬드의 테스트 —————————————— 120
친척과의 재회 ———————————————— 127
확인되지 않는 이야기 ————————————— 130
제Ⅰ부의 보유(補遺) ————————————— 136
 • 심령과학 현상의 초보적인 해설 ———————— 151
 • 테이블 교령의 해설 ————————————— 155

제Ⅱ부 [해설] 死者는 살아있다

새로운 과학으로서의 롯지의 심령과학 ————— 162
 • 해설편의 해설
잔존인격이 믿기 어려운 이유 ————————— 190
사자(死者)와의 교신방법 ——————————— 194
영계통신의 내용 ——————————————— 201
영계통신에 대한 의문에 답한다 ———————— 207
영계통신의 실제 ——————————————— 213
정신물리학의 방법 —————————————— 221
심령과학에 대한 올바른 태도 ————————— 227

제Ⅰ부

저승으로 간 사랑하는 아들과의 교신

── 인격의 잔존(殘存)을 증명하는 사실 증거 ──

한탄하지 말라, 마음을 편하게 가져라! 그는 죽은 것도 아니요, 잠이 든 것도 아니다. 그는 인생이라는 꿈 속에서 깨어난 것이다.

── 셸리 《아도나이스》에서

역자로부터 독자에게

■이 책의 제Ⅰ부는 저자도 말하고 있듯이, 사후에도 인격이 살아 남는다는 데에 관한 사실 증거의 소개에 해당된다.

이는 모두 엄정한 과학적 검증을 거친 사실로서, 사후에도 인격이 살아 남는다는 것을 인정하지 않으면 설명할 수 없는 신기한 사실이 단지 읽을거리 이상의 매력에 넘쳐 있다.

그리고 여기서 설명하고 있는 사실은 모두 저자 자신의 사망한 아들 레이몬드에 관한 것으로서, 이에 대하여 저자는 엄밀한 사실 증거로서 다른 많은 예가 많으나 이는 자신의 프라이버시에 관한 것이므로 표현하기 어렵다는 것과, 그러나 한 가지 예에 의해서 확증된 진실은 전적으로 모든 부분에 통용될 수 있다고 말하고 있다.

■제Ⅱ부에서는 30년 간의 연구 성과를 포함한 저자의 이론이 풍부한 설득력과 무게를 가지고 쉽게 설명되고 있는데, 감정에 흐르는 일이 없는 예리하고 냉철한 저자의 과학적인 지성이 반드시 독자의 마음에 강하게 감명을 불러일으킬 것임에 틀림없을 것이다.

독자도 장난스런 감정적인 반응에 흐르는 일 없이 저자의 말에 귀를 기울이고 함께 생각해 주었으면 한다.

레이몬드와 그의 가족

　이 책의 제목은 나의 죽은 막내아들 레이몬드의 이름을 따서 《레이몬드의 삶과 죽음》으로 했다. 그것은 제Ⅰ부 〈인간의 인격——감정과 기억이 죽은 후에도 남는다는 것에 관한 사실 증거편=사후의 레이몬드와 교신〉으로 소개하는 사실은 전적으로 레이몬드, 사후의 레이몬드와 나 및 나의 가족이 관계된 사실에만 국한시켰기 때문이다. 따라서 제Ⅰ부의 처음에 생전의 그의 사람됨이나 간단한 경력 등을 소개하는 것을 용서해 주었으면 한다.
　나는 이와 같은 개인적인 일을 글로 쓴다는 것은 보통의 경우라면 큰 실례로서 말도 되지 않는다는 것은 잘 알고 있으나, 이 책의 경우는 생전의 그에게 관한 것을 간단하게 알아 두는 편이 그 뒤에 펼쳐질 나의 글에 대한 이해에 도움이 될 것으로 생각하여 그리한 것일 뿐 다른 의도는 조금도 없다는 것을 알아 주었으면 한다.
　레이몬드는 군복무중 25세라는 젊은 나이로 이 세상을 떠났지만, 군대에 지원하기 전까지의 그는 버어밍검 대학에서 엔지니어로서의 과정을 끝내고 워슬리 모우터 회사의 형 밑에서 실제 훈련을 쌓고 있었다.
　군무를 국민의 의무로 생각한 그는 나와 아내가 오스트레

생전의 레이몬드

일리아 여행중이었음에도 스스로 지원 입대하여 소위가 되었다. 그것은 1914년 9월이었다. 그는 리버풀 및 에딘버러에서 훈련을 거쳐 이듬해 봄에 전선으로 보내졌는데, 전선에서 그는 일반 군무 밖에도 진지의 구축이라든가 기관포의 조작 따위를 맡는 엔지니어로서 재능을 발휘, 마지막에는 기관포 부대의 중요한 기술 소위가 되었다.

그에게 관한 일로 추억에 남는 것은, 성격적으로 나와 똑같았을 뿐만 아니라 체격까지도 나의 젊은 시절과 비슷했다는 것이다.

소년시절의 그는 같은 또래의 친구들과의 파아티를 싫어하여, 크리스마스 파아티 등에서도 저녁 식사 때까지 다른 아이들과 함께 보내지 못하고 파아티에서 빠져나와 배를 곯으며 집으로 돌아왔었는데, 이것은 나의 어린 시절과 매우 흡사했다.

조금 자란 후의 그는 나와 마찬가지로 화학·전기·기계 등을 좋아해 그 방면의 길로 나아가기 시작했다.

나는 이 방향으로 나갈 기회를 잃고 물리학 쪽으로 나갔지만, 그가 군대에서 살아 돌아왔더라면, 그의 큰 형의 말처럼 훌륭한 엔지니어가 되었을 것이다.

그와 나의 다른 점이라면 그에게는 풍부한 유우머 센스가 있다는 점이다. 사물에 대한 그의 유우머러스한 관찰안이나 유우머러스한 표현은 자주 집안에 웃음꽃을 피우게 했으며, 또한 학교에서도 그는 오히려 익살군으로 다른 학생들의 인기를 독차지하고 있었다.

그의 독특한 유우머는 앞으로 나오는 그의 사후의 교신 중에도 자주 나온다.

그는 프랑스를 거쳐 벨기에의 북부도시 이프르의 전선에 보내지기 전에 에딘버러에서 일단 집에 돌아와서 몇 시간 동안 가족과 단란한 시간을 보낸 적이 있었다.

그것은 3월 15일의 일로서, 그날 오후 3시에 '5시에는 집에 돌아가 6시간쯤 집에서 보낼 예정임'이라는 전보가 그에게서 날아왔다. 그리고 그날 밤에 그는 야간열차로 영국의 항구도시 사잔프톤를 향해 떠났는데, 그의 형인 알레크, 라이오넬, 노엘 세 사람이 그를 전송했다.

그는 우리들과는 다른 또 하나의 세계로 들어갔다. 그의 죽음이 나의 가족에게 준 충격은 몹시 컸다.

처음에는 인격이 죽은 후에도 살아남는다는 것에 대해 의심하고 있던 나의 가족도, 현재는 이것을 굳게 믿고 있으며, 죽은 후의 인격과의 의사교환이 가능하다는 것을 안 다음부터는 전과 다름없는 밝은 삶을 누리고 있다.

이 사실은, 사랑하는 사람과의 사별(死別)로 슬픔에 젖어있는 세상 사람들에게 큰 위안과 용기를 줄 것이다. 그러나 여기에 한 마디 덧붙여 두건대, 내가 이것을 말하는 것은 어디까지나 엄연한 과학적인 사실(그것이 즉각적으로는 믿어지지 않는다 하더라도)이라는 것이다.

결코 종교적인 신조 따위에서 나온 것은 아니다. 그런 뜻에서 이 책은 어디까지나 새로운 과학 분야에 도전한 과학책이라는 것을 강조해 둔다.

역자해설 이 책이 어디까지나 엄연한 과학책이라는 것을 독자 여러분이 받아들이지 않는다고 하더라도 그것은 오히려 당연한 일이다. 왜냐하면 이 책에서 롯지가 다루고 있는 문제는 지금까지의 과학의 방법으로는 다룰 수 없었던 것이기 때문이다. 왜 그랬었는지, 또 롯지는 이것을 어떻게 다루려고 했는지는 이 책의 제Ⅱ부까지 읽어 감에 따라 독자 스스로 차츰 이해하게 될 것이다.

유명한 사람으로는 물리학자이며 라듐의 발견자인 퀴리 부인, 철학자 베르그송(모두 프랑스 인), 미국 심리학회의 지도자인 윌리엄 제임스 등이 있었음을 밝혀 둔다.

퍼어너스의 메시지 · 1

 나의 신변에 무엇인가 좋지 않은 일이 일어나는 것은 아닐까──이러한 사소한 예감같은 것을 최초에 느낀 것은 레이몬드가 죽기 2~3주일 전부터였다.
 9월 초에 스코틀랜드의 내가 있던 곳에 미국의 뉴우햄프셔 그린피일드로부터 한통의 편지가 날아왔다. 그것은 파이퍼 부인*의 딸 알타 파이파이로부터 온 것으로서, 그 안에는 편지와 함께 8월 8일 그린피일드의 파이퍼 부인의 사택에서의 로빈슨 양이라는 아가씨와 파이퍼 부인 간에 있었던 교령회* 때의 자동기술(自動技術)*의 기록(손으로 쓴 본래의 원고)의 원본이 들어 있었으며, 알타의 설명이 편지에 쓰여 있었

---

* 페이퍼 부인──20세기 최대의 초능력자로 불리는 미국의 영매. 영매능력 이외에 물건을 보면 그 소유주의 인물·경력·성격·연령 따위를 정확하게 알아 맞추는 등 이상한 초능력을 발휘하는 사람으로 유명하다.
* 교령회──영매와 대좌(對坐)하여 영매로부터 정보를 받아들이는 일. 내용은 틀리지만 점을 칠 때 점장이와 마주 앉는 것을 연상하면 된다
* 자동기술──영매가 무의식 상태-트랜스 상태라고도 한다-로 손만이 자동적으로 움직여서 종이 위에 영계에서 알려 주는 글씨를 쓰는 일. 이 경우에는 영계로부터 오는 메시지를 쓰게 된다

다.

  그것에 의하면, 〈당신(롯지)에게는 아무 관계도 없는 로빈슨 양과의 교령회를 갖고 있을 때, 그 자동기술 속에 당신과 관계가 있는 것이 나타났으므로 그 기록을 동봉해서 보내나 그 뜻은 전혀 알 수 없습니다. 하지만 여하튼 보내드립니다.〉라고 써 있었다. 알타의 편지에 의하면, 이 기록에 쓰여 있는 것은 로빈슨 양과 관계있는 자동기술이 계속되는 중에 갑자기 하늘로부터 내려온 것처럼 끼여들어 왔다고 한다.

  기록은 다음과 같이 불쑥 시작되고 있었다.

호지슨 박사*——오오 롯지, 우리는 서로 메시지를 충분히 교환할 수는 없다. 마이어즈*가 그대에게 시인의 역할을 하고 있다. 그는 퍼어너스*의 역할을 맡아 주겠다고 말하고 있다. 퍼어너스다.

로빈슨 양——퍼어너스?

호지슨——그래, 마이어즈가 보호해야 돼. 그(분명히 롯지를 가리킨다-알타)는 알고 있을 것이다. 롯지, 그대는 무언가 할 말이 있는가? 베렐에게 물어 보라. 그녀도 알 수 있을 것이다. 아아더*도 그렇게 말하고 있다.

로빈슨——아아더라니 아아더 테시슨(영국의 시인) 말인가요?

---

* 호지슨 박사——영국의 심령문제 연구가로서 이미 죽었으나 파이퍼 부인을 통해 영계통신을 보내왔던 것이다. 롯지의 친구.
* 마이서즈——시인, 심령조사협회 회장으로서 롯지와 친구였으나 고인이 되었다.
* 퍼어너스——동물과 수확을 보호하는 로마 신화 속의 신.
* 아아더——로마·라틴 문학 연구가로서 베렐의 남편. 물론 이때는 고인이었다.

호지슨──아니야. 마이어즈가 알고 있소,. 당신(로빈슨 양)은 갈팡질팡하고 있소. 하지만 마이어즈는 퍼어너스에 관한 말을 하고 있다.

 이것만으로는 로마·라틴 문학을 잘 모르는 사람에게는 뜻을 알 수 없을 것이다. 나에게도 과거의 경험으로, 무언가 분명한 것이 고전문학의 어구에 .관해서 말해지고 있었다는 것은 알았지만 그 의미가 무엇인지는 전혀 알 수 없었다.

 나는 베렐 부인에게 편지로 그 답을 물어 곧(9월 8일) 받을 수 있었다. 부인은, 그것은 호레스(로마의 시인)의 시를 나타내는 것으로서, 〈마이어즈는 쓰러지는 나무에 얻어맞아 겨우 죽음을 면하는 장면을 뜻하고 있습니다. 호레스는 이 장면에서, 위기일발로 벗어날 수 있었던 것은 퍼어너스란 신의 주선 때문이라 쓰고 있습니다.〉고 알려 주었다.

 그리고 〈이 구절은 호레스의 독자라면 누구나 알고 있는 깃으로서, 나는 이 이외의 해석이 있다고 생각지 않습니다.〉라고 써 보내 주었다. 그리고 또 마이어즈가 말하는 시인 그 자체는, 즉 퍼어너스의 신의 사자라는 뜻이라는 것도 알려 주었다.

 나는 이 일로 마이어즈의 메시지는 어떤 종류의 것인가는 알 수 없지만 나에게 어떤 좋지 못한 일이 일어나고 있으며, 그리고 마이어즈가 그 고난으로부터 나를 구해 준 것이라고 해석했다. 그러나 나는 그 재난은 무언가 경제적인 일인 것처럼 느끼고 있었다.

 마이어즈의 메시지가 알타의 편지로 도착한 것은 앞에서도 말한 바와 같이 9월 초이며, 레이몬드가 이프르에서 세상을 떠난 것은 같은 달의 14일, 그리고 그것을 나의 가족이 전보로 연락을 받은 것은 17일이었다. '쓰러지는 나무'는 흔히 죽음의 상징으로 사용된다.

나는 베렐 부인에게 질문한 것과 같은 물음을 몇몇 라틴 문학자에게도 던져 보았다. 마이어즈가 '타격'을 면하게 해 주지 않았다는 것도 써서 질문해 보았는데, 이에 대한 베이피일드의 대답은 호레스의 시에서 네 군데의 초록(抄錄)을 단 매우 자세한 것이었다.

베이피일드의 회답

호레스는 확실히 어느 곳에서나 쓰러지는 나무에 실제로 얻어맞았는지 어떤지를 분명히 말하고 있지는 않다. 하지만 나는 실제로 얻어맞았으리라 생각한다. 그것은 그의 표현법으로 보나, 내가 첨부하는 네 군데의 호레스의 표현으로 보나 확실하다. 또한 이 네 군데는 동시에 자동기술의 기록이 분명히 마이어즈에 의한 것이라는 것을 확증하는 힘을 지닐 것이다. 마이어즈는 당신의 타격이 '옆으로 빗나가는' 것을 말한 것이 아니라, 타격에 의해서 당신이 완전하게 분쇄되지 않도록 아들이나 마이어즈도 아직 살아 있는 것이라는 것을 확신시키는 것으로, 타격의 무거운 짐을 가볍게 하는 것을 말하고 있는 것이다.

그리고 이 물음에 대하여 시의 번역가 중에는 '면한다' '빗나가게 한다'로 해석하는 사람도 있었지만, 대부분의 전문학자는 '가볍게 하다' '타격을 약화시킨다'는 뜻이라고 답하고 있었다.

대체적으로 이와 같이 번역하고 있는 사람이 많았으나 '쓰러지는 나무에 머리를 얻어맞고 거의 죽을 지경이었으나 퍼어너스의 도움으로 죽음만은 면했다'고 분명히 말하는 사람도 있었다.

　베이피일드의 지적은 나에게 파이퍼 부인의 또 하나의 기록──그것은 8월 5일에 트랜스 상태(역자해설 참조)가 아닌 보통의 자동기술로 행하여진 것으로서, 8일의 기록과 함께 보내져 왔는데 나는 그때까지는 별로 역점을 두지 않았던 것이었다──에도 새로히 주의를 기울이게 했다.

　그 기록 속에는 '당신은 매우 잘 지켜져 있다' '전체를 잘 되게 하는 것은 당신의 신념·신앙이다'라고 했으며, 이것은 반대로 나와 가족에게 어떤 일이 '잘 되지 않는다는' 것을 나타내고 있다고도 받아들일 수 있기 때문이다.

　그리고 이 파이퍼 부인의 기록이 강력한 신빙성을 갖는 것은 그 자동기술 때에 동석했던 모두가 퍼어너스의 일을 알지 못했다는 것과, 파이퍼 부인도 몰랐었다는 것이 나중에 확증되었다는 사실이다. 즉 관계한 자 중 아무도 모르는 것이 부인의 초상적 능력에 의해서 '수신(受信)'되고 있었던 것이다.

　레이몬드의 죽음을 전후해서 나는 이와 같이 이상한 경험을 한 셈이다. 그러면 그것은 여하튼 호지슨 박사가 전한 마이어즈의 시인다운 메시지와 그의 '타격을 약화시켜 준다'는 약속이지만, 마이어즈는 이 '약속'을 참으로 지켜 주었는가, 안 지켜 주었는가에 대해서는 나는 이야기를 진전시키는데 있어서 형편상 나중에 다시 한 번 언급하기로 하고 여기서는 독자들에게는 '약속'이 있었다는 것만을 알려 두겠다.(「퍼어너스의 매시지·2」에 계속됨)

레이몬드의 출현

나는 다음에 죽은 레이몬드가 언제부터, 또 어떻게 우리들 가족 앞에 출현하게 되었는가를 이야기하겠지만, 그 전에 나는 잠깐 화제를 돌려 런던의 케네디 부인(케네디 박사 부인)에 대해서 언급해 두겠다.

그것은 이 사람이 이 다음 이야기 속에서의 역할이 적지 않으므로 간단하게나마 알아 주었으면 하는 마음과, 이야기의 순서로서도 그 쪽이 훨씬 알기 쉬우리라고 생각하기 때문이다.

케네디 부인과 나와의 교제는 실은 1년쯤 전, 내가 오스트레일리아에 체재중일 때 심령문제 연구가인 힐 박사를 통해서 그녀로부터 다음과 같은 편지를 받은 이후부터였다.

올리버 롯지 경에게
친애하는 올리버 경── 저는 귀하가 심령과학에 대한 깊은 연구를 하고 계시다는 것을 알고 있으므로 귀하의 협조와 판단을 받았으면 하는 뜻에서 이 편지를 드리는 바입니다. 저의 외아들은 지난 7월 23일에 무서운 사고를 당한 후 2개월쯤 고통을 받다가 세상을 떠나고 말았습니다. 그리고 그 이틀 후인 25일에 저는 자신이 그와 같은 기분이나 또는 그렇게 생각하지도 않았음에도 불구하고 저의 손이 저절로 연필을 쥐게 되었으며, 그리고 곧 아들의 이름을 종이 위에 쓴 다음 그와 문답하는 형식으로 '예스'라든가 '노우'라고 쓰기 시작했던 것입니다.
 그날부터 저는 그에게서 전해오는 말을 매일 수 페이지씩, 어떤 때는 하루에 두번씩 그 일을 하는 경우도 있습니다. 저는 '그에게서'라고 말씀드립니다——아아, 이것이 나를 괴롭히는 문제입니다. 참으로 '그에게서' 오는 것일까요, 아니면 스스로 나 자신에게 속고 있는 것일까요?
 저의 지식은 너무 빈약해서 이 일에 아무런 도움이 되지 않습니다. 19년 전, 그것은 저의 동생이 별안간 죽은 지 일 년쯤 지난 후였는데, 그때에도 저의 손은 그녀에게 이끌리어 저절로 글을 썼으며, 그 후에도 가끔 그녀로부터의 짧은 메시지를 쓴 일이 있었습니다. 그로부터 1년 후에는 다른 여동생, 그리고 부친이 16년 전에 세상을 떠난 다음에도 한 번 메시지를 받은 일이 있습니다. 하지만 저는 아들이 죽은 후 제기 원치도 않았는데 그러한 일이 또다시 일어나기까지는 언제나 스스로 제 자신에게 속고 있는 것이라 생각해 왔던 것입니다.
 저는 귀하의 지식에 의지하는 수밖에 없습니다. 그것은, 저는 귀하의 연구에 깊은 존경을 바치고 있기 때문입니다. 아직 알지 못하는 귀하에게 제 자신의 마음속의 이런 중대한 문제를 부탁하는 것은 전적으로 아들——아직 열 일곱 살이었습니다. 그리고 그는 제 손을 잡고 제가 이 일에 대해서는 신뢰하고 있지 않다는 것을 깊이 탄식하고 있습니다——을 위해서 입니다. 귀하는 런던에 나오실 기회가 없는지요? 시간이 있으시다면 그때에 약 30분쯤 시간을 내 줄 수 없겠는지요? 그리고 이 기묘한, 그러나 신성한 하늘의 계시(저에게는 이렇게 보내져 오는 많은 메시지는 하늘의 계시라 표현하는 수밖에 없을 듯 합니다)를 보아주시고 이것이 단지 저의 마음속 깊은 곳에 있는, 제가 모르는 의식에서 나오는 것에 지나지 않는 것인가 어떤가를 판단해 주셨으면 감사하겠습니다.

     1914년 8월   캐더린 케네디

 나는 그 후 그녀의 익명의 손님이 되어 상대가 예상도 하지 않았을 때에 리이드 부인(미국의 영매자)에게 데리고 가게 되었으며, 그곳에서 의심할 여지가 없는 확증을 잡게 되었다. 그리하여 그녀 스스로, 또 그녀 스스로 찾아 낸 영매 피이터씨, 레오나르드 부인 두 사람에게도 꼭같은 확증을 얻었던 것이다.

 내가 여기서 강조해 두고 싶은 것은, 케네디 부인은 안이한 생각이라든가 간단한 사실에 의해서 쉽게 마음이 움직여지는 사람이 아니라, 증거라는 것에 관해서는 매우 날카롭고 주의 깊은 세심성을 지닌 사람이라는 사실이다.

 그녀가 그후 우리들의 레이몬드와의 교신에 관해서 해준 역할을 생각할 때 독자들은 그녀의 그러한 정신에 충분한 경의를 표해 주었으면 하는 뜻에서 여기서 한 마디 해 두는 것이다.

 전사한 레이몬드의 이 세상에 '출현'이 맨 처음 알려진 것은 그가 죽은 지 4일 후인 9월 18일이었다. 하지만 이것은 우리 가족이 처음으로 알게 된 것이 아니라, 케네디 부인이 알게 된 것을 우리에게 알려 주었기 때문이었다.

 케네디 부인은 자기 자신도 자동기술 능력을 가지고 있는 사람이라는 것을 알고 있음은 이미 설명한 바와 같다.

 그녀는 레이몬드의 죽음을 신문을 통해서 알게 되자, 자동기술로 그녀의 죽은 아들 파울을 불러내어 그에게 레이몬드의 죽음을 '이야기하고' 도움을 청함과 동시에, 전부터 알고 있던 영매인 레오나르드 부인에게 이 문제를 의뢰하게 되었다. 그리고 이 두 사람의 강령회는 18일에 행해졌다.

이 자리에서는 분명히 레이몬드의 이름이 레오나르드 부인의 자동기술로 나타났고, 동시에 그녀는 케네디 부인에게, '레이몬드는 아직 잠들어 있다'고 알려 주었다고 한다. 그리고 21일에는 케네디 부인이 자택의 뜰에서 극히 일상적인 글을 쓰고 있을 때 갑자기 그녀의 손이 자동적으로 움직여져서 아들 파울로부터 오는 메시지를 받았던 것이다.

——저는 여기 있습니다……. 저는 올리버 경의 아들을 만났습니다. 그는 아주 원기왕성합니다. 지금은 깊이 잠들어 있습니다. 그의 가족에게 이 사실을 알려 주었으면 합니다.

그 이튿날인 22일에 이번에는 그녀가 파울과 그녀 자신이 '대화'라고 부르고 있는 것을 나누고 있는 듯이 그녀의 손은 자동적으로 다음과 같은 파울의 메시지를 쓰기 시작했다.

——그의 부친이 온다면 저는 그를 데리고 오겠습니다. 그는 건강하게 이곳에 정착해 있습니다. 그는 오늘은 분명하게 말을 하고 있습니다. 그는 오랫동안 잠들어 있었지만 지금은 일어나 이야기를 하고 있습니다. 그리고 '우리의 보고 싶어하는 마음을 안다면 사람들은 우리를 불러 줄 텐데……'하고 말합니다. 그의 부모에게 이 사실을 꼭 전해 주십시오.

케네디 부인으로부터 이러한 사실을 연락받은 아내는 부인에게 레이몬드를 직접 불러 달라고 부탁했다.

이렇게 레이몬드가 보내는 듯한 메시지가 부인의 자동기술을 통해 전해왔던 것이다. 그것은 23일의 일이었다. 메시지는 다음과 같은 짧은 것이었다.

――어머니, 저는 여기에 와 있습니다. 이제 저는 아레크 (레이몬드의 형, 생존하고 있다)를 만났지만 제 말이 들리지 않는 모양입니다. 우리가 여기에서 건강하게 지낸다는 것을 그에게 믿게 해 주었으면…… 이곳은 사람들이 생각하고 있는 것처럼 기분나쁜 곳이 아닙니다. 여기서도 생활이라는 것이 있습니다.
라고 전하고, 다시 계속해서,
――좀더 잘 말할 수 있도록 잠깐만 기다려 주십시오. 조금만 지나면 많은 이야기를 들려 줄 수가 있습니다. 시간을 조금만 빌려 주십시오.
이상의 이야기 중에 이것만으로도 인간의 기억과 감정이 사후(死後)에도 남는다는――인간의 사후의 생존을 확증할 수 없다고 일부러 내가 거부할 것은 없었다.
'증거'는 이 이후에도 나타나지만 나는 이 책의 서술의 순서로서 레이몬드에 관한 일부터 쓰고 있는 것이다.
이야기가 조금 옆으로 빗나가지만, 마침 이때의 우리 집에는 아내의 손님으로 프랑스에서 프레트 부인이 와서 머무르고 있었다.
이 부인은 우리와 깊은 정이 있는 사람은 아니었지만 그해 겨울에 나의 두 딸이 프랑스에 갔을 때 매우 친절하게 대해 준 부인이었다.
그녀는 가엾게도 얼마 전 일주일 사이에 두 아들을 계속해서 잃어 깊은 마음의 상처를 입고 있었다.
그래서 아내는 그녀의 마음을 위로해 주려고 영국에 초대, 또한 같은 목적으로 케네디 부인이 알고 있는 영매도 만나서 교령회를 가게끔 되어 있었다.
프레트 부인의 초대는 레이몬드가 죽기 훨씬 전부터 있던 일이었으므로 우리가 그 후 1915년 가을부터 이듬 해 봄까지 행하게 되는 몇 사람의 영매들과의 교령회를 생각하면 독자에게는 이상하게 생각될지도 모르지만 그것은 전연 우연에 지나지 않는다는 것을 알아주어야 하겠다.

여하튼 프레트 부인을 위한 레오나르드 부인과의 교령회는 전부터 예정한 바와 같이 9월 24일과 25일에 행해져 아내도 동석했다.

그리고 여기서 우리의 교령 방법에 대해서 한 마디 말해 두는 것이 좋을 것이다. 우리의 교령은 모두가 런던의 케네디 부인이 주선해서 행해지는 것으로 우리는 영매에게는 누구에게나 이름은 물론이고 우리들에 관한 일은 조금도 알리지 않고 행하였다.

게다가 케네디 부인은 증거가 엄정해야 한다는 점에서는 특히 날카로운 감각과 세심한 주의를 기울이는 사람으로서, 우리의 교령회는 영매에게 이름을 비밀로 하고 행하는 일반적인 익명(匿名)의 모임보다도 훨씬 엄격하고 세심한 주의 아래서 행해졌다. 그 점을 염두에 두어 주기 바란다.

24, 5일 양일 간의 모임은 프레트 부인을 위한 것이었으므로 동석한 아내도 레이몬드로 부터 오는 메시지를 기대하지 않았음에도 불구하고 이것이 나타났던 것이다.

아내의 노우트에 의해서 그 모습을 설명하면 다음과 같다.

레오나르드 부인이 즉각 트랜스 상태로 들어가자 페다라는 인디언 소녀의 배후령(背後靈)이 나타나 이야기하기 시작했다.

페다는 '23~25세 정도의 청년이 누워 있는 것이 보입니다. 그는 아직 일어설 수 없습니다'라고 말하고 그 청년의 특징을 묘사해 주었는데, 그것은 레이몬드와 아주 비슷했다.

그리고 그의 옆으로 L자가 보이고 A. M. O 꼬리가 달린 O 자가 보이고 에이몬드*라는 소리가 들려 왔다고 말했다. 그리고 그는 지금 눈을 뜨고 웃고 있는 듯하다고 했다.

나는 저승에서 그를 위해 키스해 주는 사람은 없느냐고 물었다. 페다는 나의 모친과 같은 사람과 W자가 보이며, 흰 수염을 가진 노신사(분명히 장인이다-아내)도 보이는데, 이 두 사람이 그를 돌봐 주고 있다고 했다.

나는 레이몬드가 나의 모친과 장인의 보살핌을 받고 있으면 안심이라고 페다에게 말했다.

이 이틀간의 모임에서는 프레트 부인의 두 아들에 관한 것도 많이 전해 왔을 것이다.

역자해설 트랜스 상태에서 무의식인 영매를 조정하여 영계로부터 오는 것을 전하거나 질문에 답하거나 한다. 레오나르드 부인의 배후령이 페다인 것이다.(심령과학 1권 참조)

테이블 교령회

나와 아내는 9월 28일 레오나르드 부인과 테이블 교령회를 가졌다. 이 때의 기록은 가능한 한 생략하지 않고 전부 소개

---

* 에이몬드──이것은 이 소녀 배후령의 독특한 발성으로, 그녀는 때때로 에이몬드라고 말했는데, 그것은 레이몬드를 말하는 것이다

제Ⅰ부 저승으로 간 사랑하는 아들과의 교신 33

하기로 하겠다. 그것은 첫째, 테이블 교령 방법의 이해에 도움이 될 수 있으며, 또한 이 교령 내용은 이 책이 다루고 있는 모든 사실의 이해에 크게 중요하다고 생각하기 때문이다.

역자해설 테이블을 둘러싸고 행하는 교령 모임으로써, 이때에는 저자와 아내, 영매자, 케네디 부인의 네 사람이 그림처럼 자리잡고 행하여졌다. 그 방법은 테이블의 흔들림의 회수에 따라 '예스' '노우'라든가 알파벳의 문자가 정해져 있어서 영매의 지도에 따라 영매나 출석자가 질문하면 레이몬드가 테이블의 흔들림에 의해서 '예스' '노우'로 대답하거나 영매가 읽는 문자에 응해서 테이블의 흔들림이나 멈춤을 되풀이 하여 그 문자를 지정하는데, 그것을 연결시키면 레이몬드에게서 오는 말이 된다. 보통의 교령회처럼 긴 대화를 나누는 데는 적당하지 않지만, 이름과 같은 것을 정확히 묻는데 적당하다고 저자는 말하고 있다. 그리고 테이블 교령회는 마치 '예스맨'과 혼동하기 쉬운 것으로 서양에서는 오락화 되거나 가볍게 여기는 일도 있으나 진정한 테이블 교령회는 격동현상(隔動現象=영매가 손 하나 움직이지 않고 물건을 움직이는

네 사람은 테이블 위에 손을 얹고 있다

현상──상식적으로는 불가사의한 현상이지만 실제로 얼

마든지 있다)과 같아서 심령주의자들이 말하는 일종의 물리현상이라고 롯지 경은 말하고 있다. 테이블 교령에 관해서는 제Ⅰ부 끝에 그 뜻을 설명한 저자의 해설이 있으므로 참고할 것.

테이블 교령회 기록

 (나, 아내, 케네디 부인, 레오나르드 부인. 기록자는 케네디 박사) 테이블은 18인치 평방의 네모난 것.
 네 사람이 위의 그림처럼 자리잡자 4분의 후에 테이블의 흔들림이 시작됐다.
 레오나르드 부인 —— 알았다는 표시로 세 번 흔드시오.
 —— 테이블이 세 번 흔들린다.
 레오나르드 부인 —— 이름을 댈 생각이 있소?
 —— 세 번 흔들어서 예스를 나타낸다 ——
 레오나르드 부인 —— 그러면 알파벳으로 이름을……
 (레오나르드 부인은 알파벳을 빠른 속도로 되풀이 한다) 테이블은 문자를 댈 때마다 먼저 처음에 P자에서 멈춘다
 다음에 A자에 멈춘다
 U자에서 멈춘다
 L자에서 멈춘다(파울이 와 있다는 뜻이다 - 역주)
 롯지 —— 내가 물어 보기 전에 할 말은 없는가?
 (테이블이 조금 움직이거나 흔들리거나 해서 알파벳을 알려달라는 모양을 나타낸다. 그리고 앞서와 같은 방법으로 흔들림과 멈춤을 계속한다)
 —Raymond wants to come himself(레이몬드가 여기에 오고 싶어한다)

제 I 부 저승으로 간 사랑하는 아들과의 교신 35

(이 답을 보고 아내는 소리를 지르며 기뻐하고, '사랑하는 레이몬드야!'; 하고 외치고는 한숨을 쉰다. 테이블은 레이몬드라고 여겨지는 자가 조정하기 시작한 모양이다)
―― Do not sjgh(한숨을 쉬지 마시오)
아내 ―― 내가 한숨을 쉬었던가?
롯지 ―― 레이몬드, 내가 질문하겠다.
모두 너를 무어라고 부르는가?
―― PAP ――
(이 문자를 나타낸 뒤 테이블은 무엇인가 잘못되어 있다는 표시로 흔들린다)
롯지 ―― 자, 다시 한번 해 봐라.
(역시 PAP라고 나온다. 하지만 이것이 틀렸다고 테이블이 나타낸다. 그리고 세번째는 PAS)
아내 ―― 레이몬드, 너는 두 문자는 정확하게 나타냈어. 다시 한번 세번째 글자를 말해 봐라.
―― T ―― (이것으로 PAT가 된다)
이것은 우리들도 알고 있는 일이었으므로 엄격하게는 '증거'라고는 할 수 없다. 하지만 영매는 모르고 있는 사실이었다.
롯지 ―― 형의 이름은?
(테이블은 N·O를 나타내고 다음에 E를 지나 R을 나타낸 후 M에서 끝난다. 다음에 1회의 흔들림으로 A 또는 '노우'를 나타낸다. 나는 이것은 R과 M이 잘못이라고 말하는 것이라고 여겼다. 왜냐하면, 분명히 나에게는 무의미하다고 밖에는 생각되지 않는 NORMAN이라는 이름이 되기 때문이다. 나는 A를 '노우'라는 표시로 인정했다.)
롯지 ―― 너는 혼란을 일으키고 있다. 처음부터 다시 해봐라.
(그러자 이번에는)
──NOEL── (NOEL은 레이몬드의 형의 이름이다 ─ 역자)
롯지── 좋아, 알았다.
그 후 레이몬드와 우리 사이에 교환된 교신내용은 대체로 다음과 같은 것이었다.
물론 이것은 우리들이 질문한 것에 간단하게 대답하거나 때로는 이름을 쓰거나 또는 짧은 말을 쓰거나 해서 교신한 것을 간추린 것이다.

그는 사관(士官) 미첼이나 케이스 대령을 기억하고 있다는 것, 포오드 자동차를 좋아했으나 지금은 탈 수 없다는 것, 미첼은 공군 장교였다는 것, 그리고 우리들이 보인다는 것, 그리고 아내가 레이몬드에게 편지를 쓰면 그것이 보인다고 말했다.
그래서 아내는 어떻게 해서 보이는지, 쓰고 있는 것을 어깨 너머로 보느냐고 묻자, 그는 '느낀다'고 대답했다.
그리고 나의 친구로는 마이어즈를 만났고, 또 GRA도 만났다고 대답했다. 그래서 나는 GRA란 나의 친구 가니(GURNEY)의 잘못이 아니냐고 묻자, 그는 '노우'라고 대답하고 GRA에 이어서 ND FATHER(조부)라고 썼다.
즉 조부를 만났다는 것이다. 그리고 그 조부가 누구냐고 묻자 머릿글자가 W라고 대답했다.
이 자리에서 나온 것 중 PAT, NORMAN, 게다가 사관 미첼에 관해서는 후일담이 있는데 그것은 다음 항에서 쓰겠다.
그것을 읽으면 독자는 이 자리에서 지적된 사항이 레이몬드가 아니면 지적할 수 없는, 즉 영계 측의 송신자가 레이몬드라는 것을 나타내는 매우 유력한 증거라는 것을 알 수 있을 것이다.

노오만과 미첼

　레이몬드가 죽은 지 얼마 후에 나, 아내, 케네디 부인, 레오나르드 부인 간에 행해진 테이블 강령회에서 레이몬드나 그의 형들이 쓰고 있던 별명 두 가지와 그가 알고 있던 사관의 이름이 레이몬드로부터 나왔다.
　이것은 앞의 항에서 말한 대로이다. 이 중에서 하나는 나도 알고 있는 일이었으므로 증거가 되지 않는다고 해도 할 수 없지만, 그 중의 두 가지는 내가 전연 모르는 일이었으므로 나는 사후의 레이몬드의 인격의 실재(實在)와 그때의 저승의 통신자가 그였다는 것을 나타내는 증거가 될 수 있는 것이라 여겨진다.
　이들 이름 중 노오만(NORMAN)이라는 이름이 나왔을 때의 나의 잘못된 느낌이나, 제멋대로의 해석도 앞에서 언급한 바 있지만, 이것이, 즉 이 자리에 참가하고 있는 사람들이 전연 몰랐었다는 좋은 증거이기도 하다.

NORMAN(노오만)

　이때 형의 이름을 대라고 했음에도 불구하고 레이몬드가 대답한 것이 노오만(NORMAN)인 셈인데, 그의 형제 중에 이런 이름을 가진 자는 없었다.

그래서 나는 노엘=NOEL(그의 형)의 잘못이라고 생각하고 '너는 혼란을 일으키고 있는 듯하니 다시 한번 해 봐라'고 요구했던 것이다.

우리는 이때에 정확한 이름이 나왔으리라 생각하고 일단 여기서 이 문제를 일단락짓고 앞으로 한 걸음 더 나아갔다.

하지만 이 테이블 실험에서 2주일쯤 지난 후인 10월 10일에 케네디 부인이 혼자서 자동기술을 하고 있을 때 다음과 같은 문구가 나왔던 것이다.

——어머니 파울이예요. 레이몬드가 함께 와 있습니다. 그는 어머니에게 할 말이 있다고 합니다.

라는 파울의 말에 이어서 레이몬드는,

——제가 지금부터 노오만에 대해서 이야기하겠으니 주의해서 들어 주세요. 우리가 항상 아레크(그의 형)를 노오만이라고 부른 데에는 특별한 이유가 있습니다……(이하는 혼란)

이라고 전해 왔다.

그리고 이튿날인 12일 나와 아내는 케네디 부인도 함께 레오나르드 부인과 강경회를 했으므로 이 일에 관해서 그에게 물었다.

롯지——너는 노오만에 대해서 할 말이 더 있겠지? 케네디 부인은 너에게서 오는 메시지를 받았지만 분명하게 받았는지는 알 수 없다. 다른 할 말이 좀더 있는 게 아니냐?

레이몬드——저는 케네디 부인에게 라이오넬(그의 형)을 불렀다고 말했습니다.

케네디 부인은 이 말을 듣자 '제가 이름을 잘못 알았던 모양이예요. 아마 또 한 사람의 형과 혼동했을 거예요.' 하고 말했다.

하지만 사실은 노오만이 최초의 테이블 모임에서도 올바른 답이라는 것, 또한 지금의 케네디 부인의 자동기술, 최후의 이 강령회 때의 그의 말의 의미도 나중에 정확하게 알 수 있게 될 것이다.

노오만이란 실은 아들들이 들판에서 하키를 할 때에 누구나 할 것 없이 부르던 공통의 호칭이었던 것이다. 레이몬드는 하키에 특히 열심이었지만 게임이 절정에 달했을 때 어떤 자에게 힘을 내라고 할 때에 그는 '노오만, 거기야!'라든가 그 외도 내뱉는 버릇이 있는데, 그는 특히 라이오넬에 대해서 '노오만'이라는 말을 자주 썼으며, 때로는 아레크나 다른 형들에게도 썼던 것이다.

이것은 내가 나중에 안 일이지만 듣고 보니 있을 법한 일이었다. 하지만 이 모임에 나온 나나 아내는 전혀 몰랐던 것이다.

그리고 또한 최초로 노오만이 나왔을 때, 내가 그 전에 형제들은 너를 그렇게 부르고 있었다고 했을 때 그가 팻(PAT)이라고 대답했던 사실도 생각해 볼 필요가 있다.

이것은 그의 이름이 아니라 별명이었으며, 이때에도 그가 두 번쯤(그것은 아마도 테이블을 잘못 다룬 것이지만) 틀리는 글자를 나타낸 다음에 우리는 '팻'이라고 말하는 답을 알았던 것이다. 그리고 '노오만(NORMAN)'이 나왔을 때에도 나는 그것을 최후까지 계속시키지 못하고 '너는 무언가 혼동하고 있다. 처음부터 다시 한번 해 봐라'고 말했던 것이다.

그 결과 '노엘(NOEL)'이라고 답을 바꾸었지만 실은 이것은 노오만이라고 대답하는 편이 더 납득이 가는 일이었다.

왜냐하면 최초에 그가 자기의 이름이라고 대답한 것이 팻이라는 별명이면 여기서도 그는 형제의 이름으로서 노엘이라는 본명이 아니라 별명인 노오만이라고 답하는 것이 이 경우의 답으로서 사리가 오히려 맞기 때문이다.

게다가 레이몬드는 이 다음 기회, 즉 케네디 부인의 자동기술——만약에 그녀가 잘못된 것이 아니라면——에서는 아레크를, 또한 지금의 최후의 자리에서는 라이오넬에 관한 것도 노오만이라고 부르고 있었다고 설명하고 있는 것이다.

물론 케네디 부인의 경우도 그는 라이오넬을 말하는 것이라고 말하려고 했는데 그녀가 잘못 아는 일은 있을 수 없겠지만 나는 그런 일은 없었다고 생각한다.

또한 이것은 훨씬 나중의 이야기이지만 영매가 없는 가족만의 테이블 모임 때에 형 중의 하나가 '팻 너는 노오만을 알고 있는가?' 하고 물으면 레이몬드는 약간 흥분한 기미(氣味)를 보이고 '하키'라고 쓴 일이 있었다.

그리고 이때에는 하키와 노오만의 관계를 누구보다도 잘 알고 있는 형들은 테이블에 손을 대지 않고 있으며, 테이블에는 그의 자매들의 손이 닿고 있었다.

그러나 이 노오만의 이야기가 증거력이 매우 강하다고 내가 생각하는 것은 다음 이유 때문이다.

즉 첫째, 그것이 최초에 나온 교령회 때에 거기에 있던 자, 즉 나와 아내는 그것을 전혀 몰랐다——나는 세번째 글자부터 뒤의 문자를 잘못이라고 생각했을 정도라는 것은 이미 설명했다——는 것, 그리고 둘째, 이것도 마찬가지로 사정을 전혀 모르는 케네디 부인에 대해서 그것이 그의 형제 중의 한 사람을 부르는 이름이라는 것이 설명되고 있다는 것, 즉 이들은 노오만이란 이름이 우연하게 나온 것이 아니라, 분명한 의도에 의해서 나온 것이라고 믿고 있다는 것이다.

제 I 부 저승으로 간 사랑하는 아들과의 교신 41

　그리고 팻이 레이몬드의 별명이었다는 것은——그것은 우리들도 알고 있는 일이었지만——그의 형제들의 일기(물론 훨씬 이전 일부(日附)에 의해서도 간단하게 증거세울 수 있다.)

미 첼

　미첼의 이름이 나왔을 때 그것은 비행기와 관계가 있는 자라고 분명한 어조로 레이몬드는 대답하고 있었다. 그리고 또 그 이름은 우리들 가족이 알고 있는 것인가 어떤가를 물었을 때 그는 모를 것이라고 답하였다.
　확실히 그대로였다. 따라서 이것 역시 증거력을 강하게 뒷받침해 주는 것이었다.
　나는 미첼의 문제에 관해서느 몇 번이나 여러 곳에 무의를 했는데, 런던 도서관의 도서부에서 겨우 그가 현재 공군 소위가 되어 있다는 사실을 알아 국방부에서 확인받았다.
　그리고 나는 판브로우에 있는 군사령부에 편지를 보내, 2월 6일 드디어 E·H 미첼로부터의 답장을 받을 수 있었다.
　"편지 잘 받았습니다. 저는 어디서였는지 기억이 나지 않습니다만 아드님을 만나 일이 있습니다. 저는 부상을 입고 있었으므로 잠시 본국근무로 전속되어 이곳에 돌아와 있었습니다. 그래서 편지는 프랑스에서 회송되어 방금 도우버에서 받았던 것입니다. 그런 까닭에 답장이 늦어졌음을 사과드립니다."

확증을 위한 시도

　테이블 교령에서는 그 교신내용이 그 자리를 같이 하고 있는 자의 지식의 범위 내의 일이라면 그 자의 손이 테이블의 움직임을 좌우한다는 설이 극히 통상적인 설명으로 극단적으로까지 주장되는 것은 분명하리라.
　모임을 갖고 있는 자가 설사 자신의 손으로 테이블의 움직임에 영향을 주지 않도록 아무리 주의를 한다고 하더라도 적어도 부분적으로는 그 사람의 손이 테이블을 조정하고 있다고 상상되는 것은 당연하리라.
　나의 아들들은 이와 같은 테이블 교령에 대한 것이 당연하다면 당연한 의심(더구나 이때는 아직 영혼이 존재한다는 사실에 대해서 그들은 회의적이었지만)에서 몇 가지 질문사항을 작성하고 이것을 나에게 레오나르드 부인과의 실험 때에 시험해 볼 것을 요구했다.
　그것은 그들의 여름여행 때인가에 있었던 몇 가지 작은 사건에 관련된 것으로서, 레이몬드는 기억하고 있을 것으로 생각되나 나는 전혀 알지 못하는 사소한 사건이었다.
　그들은 이것을 그들의 '비밀회의에서 결정하고' 엄중하게 나에게 건네주었다. 나는 런던 행 기차를 탄 후가 아니면 개봉하지 않기로 약속했다. 나는 그대로 행하기로 하고 레오나르드 부인과의 모임에 임했다.
　교령회는 전번과 마찬가지로 좌석을 나, 아내, 케네디 부인의 세 사람으로 하고 케네디 박사는 기록으로 맡기로 하고

10월 12일에 행했다.
　모임에 앞서서 나는 그날의 모임의 목적을 '엄격하고 결정적인 증거를 잡는' 일에 있다고 설명했다. 그리고 3분이 지나자 테이블이 조용히 흔들리기 시작했다.

　롯지——레이몬드, 너의 형들이 몇 가지 질문을 써 보냈다. 형들은 우리가 모르는 사실을 골라서 보냈다. 알겠는가?
　——예스——
　롯지——아고노트(그리이스 전설에 나오는 용사)의 일로 생각나는 것은?(잠시 동안 대답이 없었다)
　롯지——네가 기억나는 것을 말하기만 하면 된다.
　—— Telegram(전보)——
　롯지——그것은 끝인가?
　——예스——
　롯지——다아트모어(영국 남서부의 고원)에 관해서는 무엇을 기억할 수 있는가?
　(답은 곧 나왔다)
　——Coming down hill ferry(언덕을 내려온다. 나룻배)
　롯지——O·B·P나 카이젤의 누이동생은?
　(아무 것도 기억나는 것이 없는 모양인지 여기에는 대답하지 않았다)
　이 두 개의 레이몬드의 답에 대해서 그의 형들은 나의 보고로는 완전하게 만족하지는 않았다. 아고노트와 전보의 관계는 나나 아내나 아무 것도 모르고 있었으며, 또한 그의 형들이 기대하고 있던 것도 아니었지만, 이 두 가지가 서로 밀접한 관계에 있다는 것을 나중에 알게 되었다.
　작년에 나와 아내가 없는 동안에 데본셔(영국 남서부의

주)의 어느 곳엔가로 자동차로 여행한 그들은 톤턴 가(街)의 우체국에서 무사하다는 것을 알리는 전보를 집에 쳤었다. 그리고 전보의 발신인은 '아고노트'라고 했던 것이다. 형들은 이것을 잊고 있었는데 집에서 전보를 받은 자매(姉妹)들은 잘 기억하고 있었다.

다아트모어에 관해서 형제들, 그 답 중에서 '언덕을 내려온다'는 정확하지만 불안전하다, 또한 '나룻배'는 무슨 뜻인지 모른다고 말했다. 그래서 나는 다음의 배후령인 페다와 통신을 행할 때 (앞의 교령이 있은 지 10일 후에, 이때에는 아직 나에게는 전에 있었던 모임때에 안 것 이외에는 다아트모어에 관한 지식은 없었다) 때에 물어 보았다.

롯지——레이몬드, 다아트모어와 언덕에 관한 일로 기억나는 것은?

페다——그는 무언가 그것과 관계가 있다고 말하고 있다. 그때에는 흥분했다.

(브레이크——무언가 브레이크 같은 것을 밟아 그는 페다에게 급 커어브를 돌 때와 같은 동작을 취해 보인다. 나는 이 이야기는 쓸데없는 이야기를 제멋대로 꾸며낸 페다의 독특한 장난이라고 생각했다. 하지만 아레크에게 나중에 물어 보니 그렇지 않다는 것을 알았다. 앞에서 말한 자동차 여행에서 그들은 한참 밤길을 달리고 있었다. 그리고 급한 내리막길을 다 내려올 즈음 그 맞은편 길에서 마찬가지로 언덕을 전속력으로 내려 온 다른 자동차의 맹렬한 사이렌 소리가 폭발음처럼 들려오는데 깜짝 놀랬다. 그리고 허둥지둥 브레이크를 밟자 자동차는 위태롭게 급 커브를 돌았던 것이다)

롯지——나룻배는?

페다——'그것은 기억하지 못한다'라고 말하고 있었다. 단지 그런 일과 비슷한 생각이 하나 둘 머리에 떠 올랐다. 그것은 테이블 모임 때에 그가 사실은 말하려고 했던 것이 아니라 엉뚱한 생각이었던 것이다. 언덕에 관해서는 말하려고 했지만 나룻배는 그렇지 않았다. 그 두 가지 사이에는 관계가 없다고 말했다.

나룻배에 관해서는 가족의 누구도 기억하고 있지 않으며, 그 말에 어떤 의미를 부여할 수 없었으므로 나는 그로부터 며칠 후의 기회에 레이몬드에게 자세하게 물어 보았다. 그러자 그는 나룻배는 그 자동차 여행과는 아무런 관계가 없는 것은 아니었지만, 사람들은 그것을 나룻배라고 말하지 않을지도 모른다고 인정했다.

나는 그래서 좀더 알기 쉽게 될 기회가 있을지도 모른다는 생각으로 기다리고 있었는데 훨씬 후인 이듬해 8월이 되어 아레크가 여행지에서 편지를 보내 주었다.

"랭그랜드 만(彎)으로 가는 도중, 브리튼(페리는 나룻배)를 통과했습니다. 그곳에는 작은 페리가 많이 있었습니다."

거의 우발적인 기억이었으나 이것으로 그 기억은 전혀 무의미한 것이 아니라는 것이 판명되었다. 아마도 이 나룻배는 '다아트모어'에 관한 직접적인 답으로는 부적당한 것이었으리라.

다아트모어에 관해서는 아레크가 여기에 기술한 나와 레오나르드 부인과의 두번째의 교령 후인 12월 21일에 마찬가지로 레오나르드 부인과 모임을 가져 묻고 있다.

아레크——레이몬드, 아고노트에 관해서 기억나는 일이 있는가?

페다――있다(분명하게).
아레크――다아트모어는?
페다――있다(역시 분명하게).
아레크――좋아, 그렇다면 대답은 지금 말하지 않아도 된다. 만일 아버님이 다시 한번 그 일을 묻는 일이 있으면 그때에 무엇이 생각나는지 대답해 드려라.
(아레크가 이렇게 말하고 있을 때 페다는 동시에 레이몬드와 이야기를 나누며 메시지를 듣고 있었다)
페다――그는 무언가 큰소리가 폭발적으로 울렸다고 말하고 있다.(이것은 정확한 대답이었다――아레크)
아레크――레이몬드가 남의 생각을 꿰뚫어 본다는 것은 알았지만, 나에게는 때때로 생각이 변형, 즉 좀더 분명히 말하면 강령회 출석자의 영향을 받는 것 같이 느껴진다.
페다――나는 내가 생각하고 있는 것을 전부 전할 수는 없다. 그러므로 형님이 말하는 것은 어떤 점에선 옳다. 나는 이야기를 시작하겠다, 하지만 그것을 끝내고 완료시키는 것은 다른 사람이다.

이 항에서 든 것과 같은 타입의 질문법에는 실로 큰 문제가 있다. 전체와는 관계없이 끊어진 한 마디 말이 그때 전체적으로 다른 기분일지도 모르는 사람에게 부여된다고 말하는 것은 매우 의심스럽다. 그러므로 그 질문을 던진 다음에 기대할 수 있는 것은 어느 정도의 답뿐이고 그 이상은 바라는 것이 무리라고 생각하지 않으면 안되리라.
만약에 레이몬드의 형들이 이 항에서 든 최초의 두번째의 모임에 나와 있었고 레이몬드와 이야기를 나눌 수 있었다면 대개는 전체의 상황을 알고 있음으로 해서 좀더 그럴듯한,

그들이 원했던 답을 얻을 수 있었을 것이다.

따라서 엄격하게 말하면 답을 예상할 수 없는 자가 그 장소에 있다는 것은 교령원칙과 어긋나는 일이 된다.

이 항에서 설명한, 나의 나중에 행했던 강령회 날까지 형들은 영매와 단 한번의 모임도 가진 적도 없었다.

나와 아내만 참석하고 있었던 사실, 그 후 다른 전체의 상황, 그리고 레이몬드 자신이 이 확증에의 시도에 중요한 의미를 지닌다고 생각했다고 하더라도 거기서 얻어진 답은 부분적으로 밖에는 만족할 수 없었다. 그러나 그것은 나에게는 별로 놀랄 일이 아니라고 생각된다.

이것이 나에게는 오히려 바람직한 결과였다고 생각할 수 있고, 게다가 무엇보다도 이것이 레이몬드의 형이나 자매를 자극하여, 그들이 자신들에 의해서 가족 내의 강령회를 가지게 한 동기가 되었던 것이다.

가족의 회의심과 변화된 교신의 내용

레이몬드가 죽은 후 두 사람의 직업적인 영매인 레오나르드 부인, 피이터스 씨, 그리고 자동기술 능력을 가진 케네디 부인 등에 의해서 얻어진, 레이몬드와 관계된 사람들을 납득시키는 몇 가지 정보는 내 가족의 영혼 존재설에 대한 회의적인 생각을 차츰 제거해 주었다.

부정할 수 없는 사실이 나타나기 이전에 지니고 있었던 나의 아들이나 딸들의 회의심——그것은 오히려 건전한 회의심이라고도 할 수 있는 것이지만——은 완전하게 사라져버린 셈인데, 이 과정을 조금 언급해 두기로 하겠다.

내가 30년 동안 이 문제를 직업으로서의 물리학이나 전기통신에 관한 연구에 못지 않게 추구할 수 있었다고 하더라도, 심령과학에 대한 나의 태도나 경향이 내 가족들에게도 침투되었으리라고 생각하는 것은 큰 착각이다.

사실은 오히려 그 반대여서 내가 보기에는 오히려 반대의 효과를 지니고 있었다는 편이 옳을 것이다.

그 한 예로, 파이퍼 부인의 강령회를 직접 접하는 경험을 가지고 있던 아내(역자해설 참조)조차도, 그 후 완벽하고 경탄할만한 실제 증거에 자신이 접하기까지는 10여년 동안이나 회의적인 태도를 취하고 있었을 정도였으므로, 아들이나 딸들이 의심스런 눈초리로 이것을 바라보고 있었음은 두말할 필요가 없다.

따라서 이런 종류의 책은 한 권도 읽은 적이 없다든가, 자신이 강령회 같은 직접적인 경험을 가져 보려고도 하지 않았다고 해도 조금도 이상한 일이 아니다. 그들이 영혼 존재설에는 전연 무관심한 태도를 보였다고 해도 그것은 극히 정상적인 젊은이들의 사고방식이었기 때문이다.

> **역자해설** 파이퍼 부인의 초능력은 온 세계를 놀라게 할만큼 역사적으로도 유명한 것이었다는 것은 이미 말한 바 있다. 롯지도 심령과학 연구 초기에는, 부인이 어떤 수단을 써서 보통의 방법으로는 알 수 없는 사실을 사전에 파악하고 있는 것은 아닌가 하는 의혹을 지닌 때가 매우 많았다. 이 때문에 부인을 전연 모르는 곳에 데리고 와서 부인의 적적인 조사수단(이것은 후에 근거없는 의혹이라는 것을 알았지만)을 없애더라도 똑같은 능력을 발휘할 수 있을지

어떤지를 실험하기 위해 부인은 윌리엄 제임스(아메리카 심리학회의 지도자) 등의 발의에 의해서 한 번도 말한 일이 없는 영국에 보내져 영국에서 몇 개월에 걸쳐서 집중적으로 실험회가 열리게 되었다. 이때 부인을 자택에 머물게 하거나 호텔에 머물게 하면서 감금이라고 할만큼 엄격한 감시역을 담당한 것이 이 책의 저자 롯지이며, 그것이 계기가 되어 그의 아내도 파이퍼 부인의 강령회에 직접 접할 기회를 갖게 되었던 것이다.

나와 아내 이외의 가족에 의한 처음의 강령회는 레이몬드의 사후 1개월 후인 10월 23일 아레크가 피이터스씨와 행했지만, 그때까지 아들이나 딸들의 귀에는 다음과 같은 사실이 들어가 있었을 뿐이었다. 즉,

완전히 익명의 모임임에도 불구하고 레이몬드를 비롯하여 다른 가족의 이름이나 모습, 용모 따위까지 정확하게 묘사될 뿐만 아니라, 여러 명의 영매가 거의 동일하거나 아니면 적어도 매우 비슷한 사실을 꼭 같이 지적하는 일 따위였다.

아레크의 맨 처음 교령회 때 영매 피이터스씨는, 레이몬드는 군인이며 장교였다는 것, 어머니를 '마마'라든가 '마'라고 부르지 않고 '머더'라고 불러왔다는 것, 그의 죽음은 너무나도 갑작스러운 것이어서 본인 자신도 병이 났다는 생각조차 하지 못했으며, 유머센스가 있고, 초상적 심령현상을 알고 있었지만 회의적이었다는 사실 따위의 지적, 강령회에 함께 출석하고 있던 아내에 대해서는, 당신은 초상적 심령현상 따위와는 아무런 인연도 없는 런던에서 멀리 떨어진 북서 쪽에 살고 있다고 말하는 것이었다.

이러한 지적은 모두가 사실과 부합되어 있을 뿐만 아니라,

강령회의 절정에서 레이몬드가 '아레크가 오는 것을 알고 있었다. 만나고 싶었어!'식으로 말하는 장면이 되면 영매의 목소리도 곧 레이몬드의 목소리로 생각할 수밖에는 없으며, 또한 그의 손을 쥔 영매의 손은 아무래도 레이몬드의 손이라고 밖에는 느끼지 않을 수 없었다고 아레크는 감탄했다.

더우기 또 아레크 자신이 몰랐던 레이몬드의 초상적 심령현상에 대한 몇 가지 의심에 관한 해답이 레이몬드의 일기 속에 그것과 완전히 부합되는 기술(記述)이 있음을 발견하기에 이르러서는 그의 회의심은 거의 완전하게 사라져 버렸다.

11월 17일에는 아레크에 이어서 같은 레이몬드의 형 라이오넬이 자기 혼자서 레오나르드 부인과의 강령회에 나갔는데, 이때에 그는 케네디 부인의 주선도 구하지 않고 또한 자신의 이름도 대지 않는 익명의 인간으로서 레오나르드 부인을 방문했다.

라이오넬도 이 모임에 의해서 심령현상에 대한 깊은 관심을 갖게 되었다.

그후 아레크, 라이오넬을 비롯하여 딸들도 심령현상에 대하여 그때까지와는 다른 태도를 취하게 되었으며, 후에 기술하는 '동시 교령회' '가정 교령회' 등도 그들 자신의 의사로 연구하여 갖게 된 것이다.

그리고 여기서 레이몬드의 죽음을 전후해서 나의 강령회에 어떤 변화가 나타났는가를 간단하게 써 두겠다.

이 변화는 매우 커서 나 자신 거기에 놀랐는데, 변화의 내용 자체는 한 마디로 말할 수 있을 만큼 간단한 것은 아니었다. 그것은 레이몬드의 죽음 이전에 행했던 나의 강령회는 어떤 영매와 행하여졌던 간에 저승의 통신자로서 나타나는 것은 반드시 비교적 나이가 많은 인간으로서 나와 잘 알던 사람이나 심령과학협의회의 지도자였던 사람——마이어즈라든가 호지슨 박사 등——처럼 나의 강령회에 나타나는 것이 극히 자연스럽다고 생각되는 사람들 뿐이었다.

그런데 레이몬드의 사후에 나타나게 된 것은 정해진 청년들, 즉 레이몬드 자신은 물론이고 파울이나 랄프였다.

이것은 나의 가족들이 교령회를 갖을 때에도 마찬가지여서, 이 사실이 가족들의 초상적 심령현상에 대한 회의심을 없애는데 큰 역할을 한 것은 틀림없는 사실이다. 나는 이것이 레이몬드가 그렇게 시킨 것이라고 생각하고 있다.

왜냐하면 그가 죽은 후에도 때때로 마이어즈 등이 교령회에 나타난 일이 있었지만 그것은 항상 '레이몬드'와 관련해서 나타난 것이지, 그 이전처럼 마이어즈라면 마이어즈 자신의 문제로 나타나던 것과 완전히 다른 출현이었기 때문이었다.

그러나 나는 이렇게 말해 왔다고 해서 이들 사실이 독자의 완전한 공감을 얻을 수 있는지는 매우 의심스럽다고 스스로 생각하고 있다. 왜냐하면, 초상적 심령현상에는 아무래도 사실에 직접 접했던 사람이 아니면 좀처럼 솔직하게는 믿기 어려운 면이 항상 뒤따르기 때문이다.

나는 내가 앞으로 설명하는 몇 가지 사실에 대해서, 즉 내가 그 취급, 해석함에 있어서 어떤 잘못이라도 범하고 있지 않는지를 독자 여러분은 친절하고 우호적인 태도로, 그러나 냉정하고 비판적인 눈으로 주의깊게 지켜보아 줄 것을 기대할 뿐이다.

가족 교령회

우리 가족은 1915년 가을부터 이듬해 봄에 걸쳐서 마리먼트의 자택에서 몇 번인가 직업적인 영매가 없는 가족 교령회(테이블 교령회)를 행했다. 이것은 우리 자신의 발의라고 하기보다도 오히려 레이몬드의 희망——그것은 레오나르드 부인, 피이터스씨 등의 영매와의 모임을 통하여 레이몬드가 말한——에 의한 것이었다.

이들 가족 교령회에 관해서는 몇 가지 설명하지 않을 수 없는 사건이 있지만 그것은 나중으로 돌리기로 하고 우선 그 상황을 알아두기 위하여 여기에 하나의 보고문을 소개하기로 하겠다.

보고문은 레오몬드가 태어나기 전부터 우리 집에 살면서 가정교사 노릇을 하고 있던 우드여사(우디)가 1916년 봄 마리먼트에 수일 간 머무르고 있을 때에 마침 교령회에 출석했을 때의 상황을 써둔 것으로서, 이것은 그녀가 교령이라는 것을 처음으로 경험한 것이었기 때문에 오히려 청신하고 솔직한 인상을 독자들에게 주리라고 생각한다.

〈우디의 보고〉

때 : 1916년 3월 2일
장소 : 마리먼드, 롯지 댁 응접실
시간 : 오후 6시부터

마리먼트의 롯지 저택

참석자 : 롯지의 부인, 나(노라), 우디와 나중에 호우너도 참가.

이것은 나에게는 어떤 종류의 것이었든 교령회라는 것을 처음 체험한 것이었으므로 나는 기억하는 한 있는 그대로 자세하게 적겠다.

방 안에는 하나의 가스등이 켜져 있었는데, 큰 가스등이었으므로 모든 사람의 얼굴은 물론, 방 안의 모든 것이 대낮처럼 환하게 보였다. 이때 교령회에 사용된 테이블은 8각의 아주 작은 테이블이었지만, 튼튼해서 크기에 비해 매우 무겁고 한가운데 다리도 굵었는데, 거기에 세 개의 다리가 돌아가면서 붙어 있었다. 테이블 위는 장기판처럼 되어 있었다.

부인께서는 저택 내의 차도(車道)를 향해 앉아 있었으며, 노라는 창을 등지고 테니스 코우트를 향해 앉았으며, 나는 소파에 등을 파묻고 있었다.

잠시 동안은 아무 것도 일어나지 않았다. 나는 테이블 위에 얹혀 있는 자신의 손이 매우 차거워졌다고 느끼고 있었다.
 30분도 채 되기 전에 부인께서 말씀하셨다.
 "오늘 밤은 아무도 오지 않을 것 같이 생각되지만 좀더 기다려 보기로 합시다."
 부인——오늘 밤에는 아무도 우리들에게 이야기하러 오지 않는가요? 오고 싶으면 오라고 해 주세요. 우리는 우리에게 교령회가 어떤 것인지 보여 주었으면 하고 기다리고 있는 중이에요. 레이몬도, 우리에게 와 주지 않겠어?
 ——대답 없음——
 그로부터 또 30분쯤 동안은 부인이나 다른 사람은 아무 말도 하지 않았다. 하지만 이 동안 나는 손과 손가락에 기묘한 동통(疼痛)같은 것을 느끼고 있었는데 그것은 차츰 심해져서 손과 팔을 무엇이 끄는듯 했다.
 또 테이블이 잠시 간격을 두고 기묘한 진동을 하고 있는 듯한 느낌이 들었다. 하지만 이것은 테이블 전체가 움직이고 있는 것은 아니었다.
 이번에는 또 다른, 즉 테이블에서 작은 거품이 올라와 나의 왼손 손바닥을 가볍게 두들기는 것 같았다.
 처음에 나는 그것을 한 번 느꼈을 뿐이었지만, 다음에는 사이를 두고 세 번, 다음에는 두 번 두들김을 당했다. 그리고 한 번은(나는 그것을 정확하게 표현할 길이 없다) 어느 누구의 손도 올려져 있지 않은 테이블 중앙으로부터 똑똑하는 가벼운 소리를 들은 듯한 느낌이 들었다.
 나는 이와 같은 기묘한 감촉이나 테이블의 움직임을 계속 느끼고 있었는데 부인이 입을 연 것은 조금 전에 말한 것처럼 30분쯤 지난 뒤였다.
 "당신이 테이블을 움직였습니까? 부인?"

나는 그런 짓을 한 적이 없었으므로 그렇게 물었다. 하지만 이 사이에도 손과 팔을 누가 잡아당기는듯 했으나 그 일은 입 박에 내지 않았다. 그러자 부인과 노라가 함께 말했다.
"테이블이 오늘 밤 어떻게 된 일일까요? 이제까지 이런 일은 한 번도 없었는데……"
그래서 나는 자신의 기묘한 느낌을 말한 것인데 부인은,
"아마 신경과민 탓일 거예요?"
라고 말하는 것이었다. 기묘한 느낌은 한 번은 오래 계속되지 않았고 또한 반드시라고는 할 수 없지만 대체로 부인이 저승의 누군가에게 무언가를 물은 후에 일어났다.
그동안 나의 '느낌'은 없어지고, 부인은 노라에게 호우너를 불러오라고 했다. 호우너가 와서 앉아도 테이블이 움직이지 않고 있었으므로 그녀는 "아무도 오지 않은 모양이예요." 하고 말하는 것이었다.

부인——누군가 온 사람이 있는가요? 우리는 아까부터 기다리고 있는 중이예요. 그래도 잠시 동안은 아무 일도 일어나지 않았으며, 부인은 "오늘 밤은 틀렸군요." 하고 말했다. 그렇지만 나는 이렇게 말했다.
"조금만 더 기다려요. 수시는 듯한 느낌이 다시 돌아왔어요."
그러자 호우너도,
"맞아요. 누군가가 온 모양입니다."
라고 말했다. 테이블이 움직이기 시작했다. 부인이 질문한 것은 바로 이때였다.
부인——레이몬드, 당신인가요?
——테이블은 세 번 흔들렸다.

부인 —— 잘 와 주었어요. 우디가 기다리고 있는 중이예요.
—— 테이블은 앞뒤로 흔들며 기쁨을 나타냈다(하지만 이것은 글로는 도저히 표현할 수 없다) ——
우디 —— 나에게 어떤 힘이 있다고 생각하나요?
—— 노우 ——
부인 —— 흔들리는 목마처럼 흔들거리고 있어요. 뉴우카슬의 목사를 기억하고 있나요?
—— 예스 ——
부인 —— 당신, 그 이름을 말할 수 있겠어요?
—— 프린스 —— (그것은 아이더 프린스라 불리고 있었다)
잠시 후 테이블은 침착하지 못한 태도를 보였으므로 호우너가,
"그는 무언가 메시지를 전하고 싶은 모양입니다."라고 말했다.
부인 —— 무언가 전할 말이 있나요?
—— 예스 ——
호우너 —— 그럼 시작해 봐요.
—— Yourlovetomytrypekill ——
호우너 —— 레이몬드 잘못 되지 않았나요? You love to my little sister가 아니었던가요?
—— 예스 ——
호우너 —— OK 그럼, 그곳부터 시작해 봅시다.
메시지는 계속되었다.
—— you love to my little sister —— (내 누이동생에게 안부 전해 주세요)
마지막의 Sister란 문자가 전부 나오자 그는 몹시 기뻐하는 태도를 보이고, 문장이 틀리지 않았는가를 확인시키기 위

해 그에게 다시 한번 읽어 주자 기쁜 내색을 보였으므로 우리들이나 그나 모두 크게 웃었다.
 부인——누이동생이라니 릴리(레이몬드의 죽은 누이동생) 말인가요?
 ——예스——
 부인——릴리도 이 방에 와 있나요?
 ——예스——
 부인——릴리에게도 우리들이 보이나요?
 ——노우——
 그리고 그 후 부인은 릴리나 빌(레이몬드의 죽은 형)에 관해서 언급했는데, 그는 몹시 기쁜지 빌의 이름을 부인이 말했을 때에는 그 기쁨을 보다 강하게 나타냈다.

 그럼 나는 마리먼트의 가족 교령회에 관해서 좀더 자세하게 써 두겠다. 그것은 이 항의 처음에 소개한 가족만의 교령회에서 주로 레이몬드의 희망으로 겨우 쓴 것에 관해서나, 그리고 이 모임에서 가끔 일어난 테이블이 크게 흔들려서 우리 가족들의 손으로는 어떻게 할 수 없을 듯한, 심령현상에 관해서는 아무 것도 모르는 독자에게는 상상도 할 수 없는 현상이라든가, 게다가 레이몬드가 참으로 인상깊은 유우머를 발휘한 일이 있었다는 것 등이다.

 (1) 레이몬드의 희망

 레이몬드가 가족끼리만의 테이블 교령회를 '희망'했던 일이 몇번인가 있었다.
 〈10월 22일, 레오나르드 부인과의 모임에서〉

페다——(아내에 대해서) 교령회 때에는 그(레이몬드)에게는 당신이 보이죠. 다른 때 그가 당신이 있는 곳에 오더라도 그는 당신을 '느낄'뿐이지만 테이블은 보인다고 말하고 있습니다. (마리먼트의 저택에서 형제들이 시도했던 가족 교령회에 관련해서) 그들에게 계속해 달라고 전해 주시오. 나는 지치지 않습니다. 절대 지치지 않습니다! 그들에게도 참을성 있게 해 주시오. 그것은 그들에게도 흥미가 있을 것이오. ……(중략)…… 이야기를 하는 것보다 중요한 것은 가족끼리만의 모임을 통하여 나의 생각을 전하는 일입니다. 그러면 완전한 증거를 나는 보여 줄 수 있습니다. ……(중략)…… 나는 캐시(케네디 부인)를 통해서 쓸 수도(자동기술로 쓰는 일) 있습니다. 테이블에서 가족에게 전할 수도 있습니다. 그것을 같은 날에 함께 하는 것도 좋습니다.

〈11월 26일 마찬가지로 레오나르드 부인과의 모임에서〉

페다——(아내가 질문한 것에 대하여) 강령회를 빨리 해 주시오. 크리스마스 이전에.

그리고 내가 가면 나는 레이몬드라고 말하겠습니다.

이와 같은 그의 '희망'이 우리들 가족이 가족교령회를 자주 하게 된 큰 이유다.

(2) 크게 흔들리는 테이블

테이블은 기쁨이나 슬픔, 주저함이나 활기같은 감정까지 나타낼 수 있다는 것은 테이블 교령 해설에서 이미 설명한 바 있지만, 우리 가족의 교령회에서도 테이블이 크게 흔들리는 일이 종종 있었다.

1916년 4월의 어느 날 밤, 네명의 딸과 아레크가 피아노에 맞춰서 노래를 부르고 있었다. 같은 방에는 호우너와 아내도 있었는데 호우너가 피아노 옆에 있던 테이블에 손을 놓자 테이블이 흔들리기 시작했으므로 아내도 손을 얹었다.

아내가 '레이몬드'냐고 묻자, 테이블은 '예스'라고 대답했다. 그는 음악을 듣고 싶다는 시늉으로 좋아하는 곡이 끝나면 테이블을 흔들어 박수갈채를 분명하게 나타냈다.

다음에 테이블은 마루에서 6인치 높이의 선반 위에 한 쪽 다리를 걸치고 다른 세 개의 다리를 공중에 떠 올리는 일을 몇 번인가 해 보였는데 이 새로운 장난을 재미있어 하는 듯했다.

그런 다음에 다시 마루로 내려왔으므로 우리들은 다시 한 번 우리가 올려 줄까 하고 물어 보았다. 그러자 테이블은 마루를 큰소리로 두드려 '노우'라는 의사표시를 나타냈다.

그로부터 1주일쯤 지난 후 응접실의 소파에 앉아 있던 호우니는 "에리몬드는 아무 테이블이라도 가능한지 모르겠군." 하면서 소파 옆에 있는 테이블에 손을 놓았다. 그러자 즉각 테이블이 움직이기 시작했다. "레이몬드인가?" 하고 묻자 "그는 "그렇다"는 대답이 나왔다.

그는 테이블을 소파 위에 들어 올려서 흔들었기 때문에 소파에 구멍이 나지 않을까 하고 아내가 걱정했을 정도였다.

다음에 테이블은 마루 위에 또 떨어져 하나의 큰 테이블 쪽으로 다가갔다. 그리고 큰 테이블에 달려 있는 서랍에 다리를 걸고 다른 다리를 공중에 떠올렸다. 아내가 그 높이를 재어보았더니 손가락 네 개 정도의 높이였다. 그리고 아내가 테이블을 아래로 내려놓으려고 했으나 불가능했다.

"이상하게도 테이블 밑에 공기 쿠션이 있어 그것을 누르는 기분이었어요."

하고 말하는 것이었다.
 테이블은 오른쪽으로 돌아갔으므로 아내와 호우너도 따라서 돌았다. 그리고 다시 한번 다른 테이블 쪽으로 가서 그것을 두들기고 싶은 모양인지 묘한 시늉으로 그쪽으로 가서 그 테이블 위에 얹혀 있던 책에 닿기까지 천천히 움직여 갔다. 그리고 그 책을 계속 두들렸으므로 호우너가 "그 책을 펴보고 싶은가?"하고 물어 보았을 정도였다.
 테이블은 '예스'라고 대답하고 페이지를 넘겨 나간트(자동차의 이름)에 타고 있는 레이몬드 자신의 사진을 보여 주자 기뻐하여 호우너가 "보이는가?"하고 묻자 "보인다"고 대답했다. 그리고 자동차의 이름에 대해서도 대답했다.
 나는 이 책에서는 순수하게 물리현상*이라 불리는 현상에 대해서는 언급하지 않겠다. 그것은 그것만으로도 일관적으로 다루어서 소개하지 않으면 안되는 것이기 때문이다. 다만 이들 현상은 매우 이해하기 어려운 현상일 뿐만 아니라, 대단히 드문 형상으로서, 보통 사람의 힘―설사 무의식적인 것이라도―에 의해서는 결코 생기는 것이 아니라는 것만은 말해 두고자 한다.
 내가 여기서 든 테이블의 움직임은 이들 물리현상과는 전혀 다른 것이다. 그리고 또 더 나아가 이 장소에 있던 사람의 의식적인 힘은 조금도 작용되지 않았다는 것을 내가 확신하고 있다는 것만은 덧붙여 명확히 말해 두고 싶다.
 그리고 테이블이 크게 흔들린 후의 영매와 교령회에서 레이몬드는 반드시 그 일에 대해서 언급하고 있으므로 그것도

---

*물리현상―여기서 말하고 있는 물리현상이란 초능력자 등이 손도 대지 않고 물건을 움직이거나 하는 격동현상을 말한다

동시에 소개해 두겠다. 그는 말했다.
――나는 언제나 테이블을 조정할 수 있다고는 할 수 없습니다. 그것은 이쪽(영혼의 세계란 뜻)에서 일어나는 바보스런 소동 때문에 그것을 중지하려고 생각하고 있긴 합니다만 …….
(라이오넬이나 나의 레오나르드 부인과의 교령회, 라이오넬과 노라와 레오나르드 부인과의 교령회 등으로)
하지만 이 사람들을 놀라게 하는 기묘한 움직임, 장난이라고 해도 좋을 격렬한 움직임은 틀림없이 테이블에 손을 대고 있는 자들의 보통의 힘으로는 설명할 수 없는 일이었다. 그는 이것에 의해서 주목할 만한 현상에 대해 나의 눈을 뜨게 하려고 하는 듯이 보이는 것이었다.

(3) 레이몬드의 유우머

조금 전에 테이블이 크게 흔들렸을 때의 일에 대해서 아내는 레이몬드에게 그가 어디에 살고 있는지 물어 본 일이 있었다. 그것은 전에 레오나르드 부인과의 교령회 때 페다가, 레이몬드는 Summer land(여름의 나라)라는 곳에 살고 있다고 대답한 것을 기억하고 있었기 때문이었다.
아내는 이것을 페다 멋대로의 생각이 아닌가 하고 생각하고 있었으므로 레이몬드에게 직접 보기로 했던 것이다. 레이몬드는 테이블을 통하여 Summerrlodge라고 썼다.
이때 아내는 Summer land를 예상하고 있었으므로 두번째의 R은 잘못이고 또 O는 A의 잘못이 아닌가 하고 질문하자 테이블은 '노우'라고 대답했다.
그 다음에는 아내도 어떤 혼란 때문일 것이라는 생각에 틀리더라도 끝까지 계속하기로 했다. 하지만 최후까지 가서 Summer R Lodge라는 노우트를 보고는 깜짝 놀랐다.

Summer 다음에 레이몬드의 사인이 붙어 있었기 때문이었다. 그래서 아내는 역시 '이것은 페다의 공상이 아니라 그 자신의 말일 것이다' 라고 생각했다고 말했다.

더구나 동석하고 있던 노라가, 이 일에 관해서 레이몬드는 노라가 대답을 예기하고 있음을 알고 일부러 틀린 답을 준 듯 하다고 말했다. 모두가 이 농담에 소리내어 웃었는데, 이 때 테이블도 크게 흔들리며 함께 웃는 것이었다.

퍼어너스의 메시지(II)

마이어즈의 퍼너어스의 메시지에 관해서는, 그 후 그가 그 '타격의 아픔을 가볍게 해 준다'는 약속을 어떻게 실행해 주었는가를 쓰기로 하겠다.

나는 이들 증거를 레이몬드의 사후에 나나 가족이 영매와 행한 교령회 속에서 발췌하여 소개하겠는데, 이 기회에 나는 세상의 일부 사람들이 영매의 능력에 대해서 품은 의문에 대해서 대답해 두고 싶다.

우리들의 교령회에서 케네디 부인, 즉 우리에 대해서 전혀 알지 못하는 영매를 택해서 교령이 행하여지고 있다는 것은 이미 말한 대로이다. 따라서 영매는 우리들에 관해서 아는 사람이 전혀 없는 셈이다.

그러나 어쩌면 나에 대해서 내가 누구라는 것을 알 가능성이 있는 사람이 있을지도 모른다는 사람들이 있을지 모르겠으나, 이것은 나의 가족에 대해서는 통용되지 않는 생각일 것이다.

그리고 영매 측에서 보더라도 진정한 영매는, 오히려 누가 '어디 있는 누구냐' 하는 예비 지식을 갖기를 싫어할 뿐 아니라, 만일 많은 교령 상대에 대해서 영매들이 어쩌다 그런 일을 하려고 해도 그것은 실제로 거의 불가능하다는 사실이다.

앞의 사항에 대하여 다시 덧붙여 말한다면, 예비지식을 갖는다는 것은 그들 영매로서의 능력에 대한 사회적인 신용을 잃게 할 뿐 아니라, 그 신통력을 손상시키는 것에 지나지 않기 때문이다.

레이몬드가 마이어즈를 만나다

첫번째 교령회——이것은 앞에서 소개한 프랑스 사람인 프레트 부인을 위해서 행한 교령회에서의 일로서 동석한 아내는 레이몬드의 출현은 기대하지 않았다. 따라서 마이어즈의 이름이 나오리라고는 전혀 상상도 하지 않았었다. (9월 25일, 영매는 레오나르드 부인)

교령에서는 프랑스 부인의 두 아들이 나타났는데, 그 중의 하나는 아주 정확하게 또 한 사람은 거의 완전하게 그 이름이 밝혀지고, 맨 처음의 영매인 레오나르드 부인의 능력이 입증되었다.

그리고 두 아들과 함께 레이몬드도 나타났는데, 그는 그 두 아들이 영매를 통하여 모친과 교신하는 것을 도와주었다. 레이몬드는 이때 테이블 교령에 의해서 아내와 다음과 같은 교신을 했다.

레이몬드——저는 이곳에 와서 아버님의 친구분을 몇 사람 만났습니다.

아내——레이몬드, 너는 그 사람의 이름을 말할 수 있겠니?

레이몬드――물론이죠. 그 이름은 마이어즈입니다.

이때의 아내와 레이몬드의 교신은 이것 뿐이었다.

마이어즈는 부친이며 선생님

두번째 교령회――이것은 첫번 교령회가 있은 지 이틀 후인 27일, 전과 마찬가지로 레오나르드 부인의 집을 나 자신이 방문해서 행한 것이었다.

이날은 아내도 오후 3시 30분부터 런던의 케네디 부인 댁에서 그곳에 함께 초청된 피이터스씨와의 교령을 행했다. 내 차례는 정오와 오후 1시였다.

교령에 들어가기 전에 레오나르드 부인은 자신의 인도령(引導靈), 즉 배후령은 페다라는 젊은 아가씨라고 말했다.

부인은 즉시 입신(入神)상태로 들어갔다. 분명히 레이몬드라고 여겨지는 젊은이가 나타나고 페다가 그 메시지를 전했다.

페다――"나(레이몬드)에게는 몇 사람의 선생님이 계십니다"(그는 누군가의 머릿글자를 나타내려고 한다. M, M자를 그는 페다에게 보이고 있었다.) "나는 현재 두 사람의 부친을 한꺼번에 가지고 있는 듯한 기분이 든다. 한 사람을 잃고 한 사람을 얻은 것이 아니라 두 사람 함께이다"(여기서 페다는 "그것은 무슨 뜻인지? 그것은 정말인가?"라고 말하고 나(롯지)는 '예스'라고 대답한다.)

M이 마이어즈를 뜻한다는 사실은, 여기서는 생략한 페다의 다른 메시지의 관련으로 명백하지만 좀더 증거력이 있는 통신은 이 후의 교령에서도 나타나게 된다.

나에 대한 비유를 나타낸 마이어즈

세번째 교령회 —— 같은 날 아내와 피이터스씨와의 교령회. 아내와 피이터스씨와의 연결은 물론 이때가 처음이다.

피이터스씨의 배후령 '월석'(月石)의 이야기의 요지 —— 당신 '레이몬드'는 화학에 관계하지 않았는가? 만약 그렇지 않다면 그와 친한 누군가가 화학에 관계하고 있었음에 틀림없다. 그 관계로 나(월석)에게는 그것에 관계하고 있는 사람이 보인다(이것은 나를 가리키는 말일 것이다 —— 롯지). 그리고 그와 관계 있는 시인, 즉 심령과학에 깊이 관계하고 있는 시인 —— 그는 영국 이외의 장소에서 죽었다 —— 이 이곳에 있다. 그는 몇 번씩 통신을 하고 있다. 이 시를 쓰는 사람 —— 나에게는 M이라는 머릿글자가 보인다 —— 은 당신의 아들의 교신을 도와주고 있다. 지금부터 말하는 것은 특히 중요하므로 나는 당신이 한 마디 한 마디를 정확하게 받아 쓸 수 있도록 천천히 이야기하겠다(월석은 주의깊게 구술(口述).

"저승과 이승 사이의 벽은 교신이 가능할 정도로 얇은 것만은 아니다. 이 벽에는 큰 구멍까지도 뚫려 있다.

이 아내와 피이터스씨와의 교령에서 말해진 것은 전의 것보다도 훨씬 구체적이었다. 초상적 심령에 깊이 관계하고 영국 이외의 곳에서 죽은 시인이 마이어즈라는 것은 분명하며, 그는 로마에서 죽었다. 또한 레이몬드의 교신을 도와주고 있다는 것은 내가 페다의 교신에서 얻은 것을 뒷받침하고 있다. 그리고 다시 깜짝 놀랄 증거는 '이승과 저승의 벽……' 이하의 비유이다. 이것은 아내와 피이터스씨가 초면이며, 더구나 익명으로서로 낯선 사이라는 것을 생각하면 매우 강력한 증거, 즉 교신하고 있는 영혼이 마이어즈라는 것을 나타내는 증거로서 명확한 것이라고 할 수 있다.

왜냐하면 이 비유는 내가 자신의 저서《인격의 사후의 잔존》(아메리카 마하드사 간행) 속에서 쓰고 있는 비유이기 때문이다.

당신의 아들은 나의 아들

네번째 교령회――10월 12일 나와 레오나르드 부인과의 테이블 교령. 단 이 시점에서는 내가 누구인가를 알고 있다(프랑스 부인이 부주의하게 털어놓았기 때문에). 내가 그의 퍼어너스 메시지를 이해하고 있던 것에 대해서 마이어즈는 대답했다.

마이어즈――그것은 당신 아들의 죽음을 말한 것이었다. 당신의 아들은 나의 아들이 될 것이다.

마이어즈의 시(詩)가 나온다

다섯번째의 교령회――10월 29일, 나와 피이터스씨의 것으로, 이것은 나의 가족도 모르는 사이에 힐씨에 의뢰해서 그의 익명의 친구라고 하여 행한 것이었다. '월석'이라는 배후령은 잠시 이야기를 한 다음에 나에게 물었다.

월석――당신은 FWM을 알고 있는가?

롯지――알고 있다.

월석――지금의 3자가 나에게는 보인다. 그리고 그 뒤에는 ST, 그래 바로 ST를 알고 있는가?

ST의 다음에는 점이 있고, 그 다음에 P가 있다. 당신의 아들이 이것을 나에게 보이고 있다.

롯지―잘 알았다.

(FWM과 STP는 마이어즈의 시 St. Paul의 것이라고 나는 인정했다.

월석―그는 나(레이몬드)의 일을 부친이 생각하는 것 이상으로 도와 주고 있다. 그는 FWM이라고 말하고 있다.

나는 이상의 발췌를 액면대로 받아들인다면, 마이어즈가 퍼어너스의 메시지의 약속을 지키고 저승에서 나의 아들을 도와달라는 것, 그리고 나의 마음의 가볍게 해 달라는 것을 나타내기 위해서 소개했다.

강력한 증거―― 단체사진

나는 다음에 퍼어너스의 메시지보다도 훨씬 강력한 제1급의 신빙성을 지닌 예를 보겠다. 그것은 레이몬드가 죽기 20일쯤 전인 8월 24일에 전선에서 다른 사관들과 함께 촬영한 단체사진에 관한 것이었다.

그러나 이 사진에 대해서는 9월 27일의 아내와 피이터스씨의 맨 처음의 교령이 있기 이전에는 나의 가족의 누구도 그와 같은 사진을 찍었는지 조차 알고 있지 않았다.

그 때문에 피이터스씨의 교령에서 이 사진의 존재가 알려졌음에도 나나 가족의 모두는 반신반의, 피이터스씨는 엉터리 짐작을 말하고 있는 것이라고 생각했을 정도였다.

나는 이 예를 구체적인 일부(日附)를 기재하면서 설명하겠다.

9월 27일 피이터스씨의 배후령인 월석(月石)은 서로 전혀 모르는 처지의 아내에 대하여 다음과 같이 말하는 것이었다.
——그는 그가 (레이몬드) 죽기 전에 찍은 두 장, 아니 석 장의 사진을 가지고 있었다. 두 장은 그 한 사람의 것이고, 나머지 한 장은 여럿이 찍은 사진으로서, 이 사진에 대해서 그는 당신에게 이야기하도록 귀찮게 굴고 있다. 이 한 장 속에는 그의 지팡이가 찍혀져 있다.
(여기서 '월석'은 자신의 팔로 지팡이를 걸치는 시늉을 해 보였다.)
하지만 이 지적에 대해서 아내나 가족이 어떤 반응을 보였는가는 방금 말한 대로이며, 단체사진에 관해서는 몇 번 마음이 내키지 않았지만 찾아보았을 뿐이다. 하지만 나는 '레이몬드가 아내에게 말하도록 특히 귀찮게 굴고 있다'고 말한 '월석'의 말이 매우 인상적이었다.
11월 29일 이 문제에 대해서 뜻밖의 편지가 전혀 모르는 사람인 시바 부인으로부터 아내에게 날아온 것은 11월 말 경인 29일이었다. 이 사람은 레이몬드도 알고 있던 시바 대위의 모친——시바 대위는 나에게도 레이몬드의 부상에 관해서 편지를 해준 일이 있는 사람으로 그는 지금도 전선에 있다——으로서, 그 내용은 다음과 같은 것이었다.
——아들로부터 8월에 장교들이 단체로 찍은 사진이 보내져 왔습니다. 이 사진에 관해서 귀하께서는 알고 계신지요? 만약에 사진이 필요하시다면 복사해 보내드리겠습니다……
(편지는 28일 부)
아내가 복사해 보내 달라고 부탁하는 편지를 보낸 것은 물론인데 어쩐 일인지 복사판은 즉시 우리 손에 도착하지 않았다.

12월 3일 복사판을 보기 전에 레이몬드로부터 이 사진에 관해서 좀더 자세한 것을 들어 두고 싶은 생각이 든 나는 2월 3일, 피이터스씨와는 다른 영매인 레오나르드 부인과 교령을 했었다. 이 교령회에서는, 나는 주의깊게 사진에 관해서 물어 보았는데, 이에 관해서 주의해 주어야 할 것은 이 사실을 레오나르드와 페다에 대하여 말을 꺼낸 것은 나 자신이었지 영매 측에서 꺼낸 것은 아니며, 맨 처음에 문제에 관한 지적을 한 것은 레오나르드 부인이나 페다도 아니며, 피이터스씨라는 것, 그리고 이 2월 3일의 교령에 관한 기록의 타이프도 우리들이 사진을 입수하기 이전에 이미 완성되어 있었다는 점이다. 교령 기록의 발췌는 다음과 같다.

롯지──우리는 사진을 보지 못했지만 이 사진에 관해서 레이몬드는 우리에게 무언가 할 말이 있는가?

페다──그(레이몬드)는 나를 보고 있다. 하지만 사진은 여기에 들어가 있지 않다고 말하고 있다. 그는 그 이야기를 누구를 통하여 이야기했는지 알 수 없다. 하지만 그 이야기를 한 곳은 이 곳이 아니라 모르는 곳──모르는 집이었다고 말하고 있다. (실로 그대로이다. 그것은 피이터스씨를 통하여 케네디 부인의 집에서 이야기된 것이다──롯지)

이때 페다의 입을 통해 레이몬드가 말한 사진의 내용은 대체로 다음과 같은 것이었다──사진에 나와 있는 것은 한 사람이나 두 사람이 아니라 좀더 많은 사람들, 모두가 친구가 아니라 아는 사람, 이름을 들어서 알고 있는 자, 전혀 모르는 사람도 섞여 있어서 '혼합된 사람'들이다. C, R그(자신이 아님), K 등의 머릿글자의 이름을 가진 사람이 있고 가장 두드러진 것은 B이다. 그가 지팡이를 가지고 있었는지는 기억이 나지 않는다. 기억나는 것은 누군가가 그의 어깨에 기대려고 하고 있었다는 것. 하지만 기댄 채로 사진이 찍혀 있는지는 확실치 않다.

그리고······.

롯지——밖에서 촬영한 것인가?

페다——(레이몬드) "아마 그럴겁니다." (페다가 속삭이는 소리로 레이몬드에게) 그렇지?

(롯지에게) 페다에게는 바뀐 것처럼 생각이 든다. 그는 '아마도'라고 말하고 있으니까요.

롯지——전선의 대피기지(待避基地)같은 곳인가?

페다——그렇겠지? 페다에게 가르쳐 달라. 그는 뒤에서 아랫쪽으로 내려오는 선을 나타내고 있다. 왠지 거무스레한 배경, 그리고 그들의 배후에는 선이 있는 듯이 보인다.(여기서 페다는 수직선을 양손으로 공중에 그려보이는 시늉을 했다.)

12월 6일 아내가 전선으로부터 개인 사물(私物)과 함께 보내온 레이몬드의 일기 중에 〈8월 24일 사진촬영〉이라고 쓰여 있는 것을 발견.

12월 7일 사진의 도착이 늦어진 것에 관한 문의에 대한 회답으로 7일 아침 시바 부인으로부터 이미 보냈다는 답장이 왔다. 그래서 롯지는 페다와의 교령으로 얻은 사진의 내용에 관한 자신의 인상을 급히 기록, 비서인 브리스코우에 구술필기(口述筆記)시켜, 이것을 낮게 런던에 있는 힐씨에게 띄우다(증거의 확증을 위해서).

12월 7일 저녁 무렵에 사진이 우송되어 왔는데 로자린다가 개봉. 사진은 5×7인치의 네가필름을 9×12인치로 확대, 인화된 것인데, 영매의 중개를 통하지 않고 (배후령인 페다가 대답한 뜻) 레이몬드가 지적한 내용은 놀랄만큼 정확했다. 그 두서너 개의 예를 들면——

분명히 레이몬드는 '월석'이 지적한 바와 같이 지팡이를 가지고 있었다(단 '월석'이 팔 아래 지팡이를 짚은 시늉을 한 것은 정확하지 않고 지팡이는 그의 다리 사이에 있었다).

페다가 몸짓만이 아니라 말로 표현했던 거무스레한 배경과 수직선도 그대로였다. '함께 찍은 장교'도 한 대대에 속하는 모든 사관(士官)인 듯하며, 중대의 사관치고는 그 수가 너무 많았다.

'두드러진 인물'은 지위 관계로 중앙에 있는 사람을 제외하고는 누구에게 사진을 보여도 오른쪽 끝에서 가장 빛을 잘 받고 있는 보스트 대위이며, 이것도 레이몬드가 말한 B의 머릿글자와 서로 상통했다. 그리고 다른 사람의 머릿글자도 정확했다.

그러나 이런 일들보다도 더욱 나를 놀라게 한 증거는 '누군가가 자신에게 기대려고 하고 있었다. 하지만 기댄 자세로 사진이 촬영되었는지는 분명치 않다. 하지만 기대려고 했던 것을 기억하고 있다'고 한 페다의 지적이었다.

사진은 이 일을 다행히 분명히 나타내고 있었다. 사진에서는 레이몬드의 뒤에 있는 사관의 팔이 그의 어깨 위에 놓여져 있었고, 그가 이것을 꺼려서 얼굴을 옆으로 비킨 듯 머리가 약간 오른쪽으로 기울어져 있었다(사진 A참조).

그리고 이때 같은 단체가 거의 같은 자세로 촬영된 다른 사진도 우리는 나중에 게일 포르든 사진상회(사진은 보스트

사진 A 레이몬드(앞열 우측의 두번째)의 어깨 위에 사관의 손이 얹혔고 그는 목을 옆으로 제쳤다.

제 I 부 저승으로 간 사랑하는 아들과의 교신   73

사진 B 뒤의 사관의 손은 레이몬드의 어깨 위에 얹혀 있지 않다.

대위로부터 확대, 인화하기 위해 네가필름이 상점에 보내져 있었다)를 통해서 입수했는데, 그 뒤의 사진(사진 B참조)에서는 뒤에 있는 사관의 손은 자신의 지팡이 위에 놓여져 있고 레이몬드의 어깨 위에는 얹혀져 있지 않았다. 따라서 시바 부인으로부터 온 사진이 유일하게 '어깨에 다른 사관의 손이 얹혀진 사진'이지만 이 같은 일은 사진을 촬영할 때에는 드물기 때문에 본인에게는 분명하게 기억에 남으리라고 생각된다.

결론

이 예는 그 모든 교신에 대한 증거로서의 가치에 대해서 말하자면 하나의 단순한 종류의 교차통신(역자해설 참조)에 소하는 것이다.

사진에 관한 최초의 지적은 어떤 영매, 피이터스씨를 통하여 행하여지고 다음에 그 사진의 내용의 묘사는 질문에 대한 대답의 형식으로, 다른 사람과는 관계가 없는 독립적인 영매인 레오나르드 부인을 통해서 얻어지고 있기 때문이다. 이 이야기는 1816년 《심령조사협회 회보》에소 공표되었다.

> **역자해설** 죽은 사람의 생존을 확인하는 가장 신빙성이 강한 교신방법이라고 전해지며, 복수의 영매를 통해서 한 사람의 영혼과 동일한 사항에 대해서 교신하는 것.
> 자세한 것은 영계통신의 항 참조.

이 예는 만약에 살아 있는 자로부터의 통상적인 텔레파시에 의해 받았을 가능성이라든가 완전히 낯선 자끼리 사이의 무의식적인 감응이라는 거의 믿을 수 없는 이유를 별도로 한다면 이것은 거의 완벽한 증거가 될 것이다.
 우리는 모든 정보를 사진으로 보기 이전에 이미 기록하고 있는 것이다. 또한 레이몬드를 우리가 마지막으로 만난 것은 7월 중에 그가 며칠 동안 귀국하고 있었을 때이며, 처음에 시바 부인에 의해서 지적되고, 다음에 레이몬드의 일기에 의해서 확인된 사진을 촬영한 날이 8월 24일이라는 사실도 중요한 의미를 지니고 있다.
 우리에게는 이 단체사진에 관한 일은 어느 것이나 그 유례가 없을만큼 확실한 증거적 가치를 갖는 것이라고 생각된다. 레이몬드가 피이터스씨(월석)를 통해서 이 사진에 관한 최초의 지적을 매우 열심히 연구하고 싶어했다고 하는 '그는 나에게 그것을 당신(아내)에게 알리려고 귀찮게 굴고 있다'는 말도, 레이몬드가 이것을 아주 정확한 증거가 되리라고 기대하고 있기 때문이라는 것이 명백하다고 여겨진다.

단체사진의 일지

7월 20일	레이몬드 최후의 귀국
8월 24일	전선에서 사진촬영(레이몬드의 일기에 한함. 단, 레이몬드는 이 사실을 가족에게는 전하지 않았다)
9월 14일	레이몬드 전사
9월 27일	피이터스씨(月石) '레이몬드'의 메시지에 의해 사진에 관해서 언급하다
10월 15일	보스트 대위가 전선으로부터 인화하기 위해 네가 필름을 게일 포르든 상회로 보내다(런던에 있는).
11월 29일	시바 부인에게서 뜻밖에 〈사진이 있는데 원하신다면 복사판을 보내주겠다〉는 편지를 받다.
12월 3일	레오나르드 부인(페다)을 통하여 '레이몬드'에 질문하는 형식으로 롯지가 사진의 내용을 물어 보다.
12월 6일	롯지 부인이 레이몬드의 일기 속에 사진촬영 날짜가 기록되어 있음을 발견하다.
12월 7일 (아침)	증거확인을 위해 롯지는 사진의 묘사에 관하여 자신의 인상을 기록하여 이것을 힐씨에게 우송하다.
12월 7일 (오후)	사진 도착.
12월 7일 (저녁)	사진이 롯지 가족에게 보여지고, 롯지가 내용을 검사, 조회하다.

이 말이 나에게 사진을 찾게 하고 사진을 인수하기 전에 완벽한 기록을 만들게 하는 동기가 되어 있었던 것이다.

처음에는 우리들이 이 사진이 있었다는 것 조차도 몰랐었다는 것, 그리고 다음에는 사진의 자세한 내용에 대한 지식을 통상적인 수단으로 입수하는 일이 다행히 늦어졌기 때문에 그 입수 이전에 영매에 의한 초상적(超常的)인 수단으로 얻은 정보를 완전한 기록으로 완성시켜 놓은 것, 이들 모두가 나에게는 이 이야기를 제1급의 증거력을 갖게 했다고 생각된다. 그리고 사진 내용에 관한 묘사와 실제의 사진 사이에 있는 일치도 단순한 우연이나 추측으로 얻어지는 것은 아닌 것이다. 많은 사항이 정확했을 뿐만 아니라 실제로 틀린 일은 하나도 없었기 때문이다.

역자해설 이 이야기에 관해서는 번역서에서는 생략했지만 롯지의 원저에서는 이밖에도 다음과 같은 것을 전문 게재하고 있다.
(1) 롯지 부인의 증언서, 12월 6일 레이몬드의 일기 속에 사진촬영 날짜의 기입을 발견했다는 것에 관한 것.
(2) 비서 브리스코의 증언서, 구술필기와 그것을 브리스코가 우편으로 부친 날짜, 투함(投函) 우체국에 관한 것.
(3) 보스트 대위의 증언서, 사진촬영 후 레이몬드의 군무일지로 보아, 그가 네가 필름을 보았을 가능성이 없다는 것, 네가 필름을 본국의 게일 포르든 상회로 보내진 것 따위에 관한 것, 이 모든 것이 싸인이 되어 심령조사협회(힐씨)에 보내졌다.

소넨션의 아들

나는 이 항에서는 나의 동료인 E·A·소넨션박사의 아들을 둘러싼 재미있는 이야기를 소개하겠다.

단 이 이야기는 다른 사람의 일로서, 그 전부를 설명하려면 이 책의 짧은 묘사로는 정확한 이해를 얻을 수 없는 면도 있으므로 이야기는 그 중에서 나와 레이몬드, 페다에게 관계있는 측면만 한정시키기로 한다.

하지만 이 이야기를 둘러싸고 레이몬드와 페다가 다투었으며, 그 일로 인해서 측면으로 레이몬드의 사후의 생존과 영매의 진실성이 실증됨으로써 독자 여러분에게는 흥미가 있을 뿐만 아니라, 초상적 심령문제의 연구에서 보더라도 상당히 유력한 신빙성을 지닌다고 나는 생각하고 있다.

1916년 3월 3일의 페다와의 교령부터 이야기를 시작하자. 교령에 들어가자 페다는 즉시 나타나 나를 발견하고는 기쁜 듯 인사했다.

롯지──요즘 레이몬드를 만난 일이 있는가?

페다──레이몬드는 지금 여기에 와 있다. 그리고 전번 월요일(이 교령회가 있기 4일 전에 해당한다)이었는지 분명하지 않지만, 그는 어떤 신사와 부인의 일로 이 페다를 도와주러 왔었다. 하지만 페다는 그것을 처음에는 몰랐으므로 '레이몬드 저쪽으로 가라'고 말해 주었다. 그랬더니 그는 '안돼, 나는 여기 있어야만 해' 하고 버티었으므로 잠시 옥신각신했었다. 레이몬드는 그 신사와 부인이 누구였는지 아직 나에게 가르쳐 주지 않았지만, 그때 그는 두 아들을 그들 두 사람 앞에 데리고 와서 열심히 그 아들이 두 사람에게 메시지를 전하는 것을 도와 주었다.
 이런 말을 한 다음에 페다는 나에게 다음과 같은 이야기를 전해 주었다.
 레이몬드가 통신을 도와준 것은 어떤 물에 빠져 죽은 청년으로서, 이름은 E·A라고 했다. 그리고 조금 전의 남녀 두 사람(독자의 상상대로 그들은 부부 사이이다)이 방문해 오기 훨씬 이전에 청년과 알고 있던 D부인이라는 사람이 교령을 하러 왔다.
 이 사람은 초상적 심령주의 따위는 조금도 믿지 않는 사람이었으므로 점치는 것과 착각하고 찾아온듯 했다.
 레이몬드는 E·A를 도우러 와서 이 사람에게 E·A의 머릿자를 납득시키고, 또한 E·A의 부친 A박사의 모습이나 집의 모습도 페다를 통해서 묘사해 주었다. D부인은 이런 일은 전혀 예기치 못했기 때문에 E·A의 용모나 모습 따위가 페다에 의해서 전해질 때 거의 까무라칠 정도로 놀랐다.
 롯지——그 청년이나 D부인은 내가 알고 있는 사람인가?
 페다——아마 그 부인에게 편지를 보낸 일이 있을 것이다.
 롯지——D부인이 편지를 나에게 준 후인가?
 페다——그녀는 E·A를 만나 놀랐을 때 심령문제에 대한 그때까지의 태도를 바꾸어 당신에게 편지를 쓸 마음이 생긴 모양이라고 레이몬드는 말하고 있다. 하지만 정말 그렇게 했는지는 분명히 알 수 없다. 왜냐하면 내가 어떻게 해서 사실을 알게 됐는지 나 자신도 모르기 때문이다. 내가 사실을 아는 것은 조사를 해서가 아니라 마치 무선전신과 같이 어디선가 메시지를 받았기 때문이라고 그는 말하고 있다.

　나는 여기까지 와서야 겨우 조금씩 이야기의 줄거리를 알 수 있게 되었다. 그리고 1월 28일의 교령 때에 레이몬드가 나에게 알려 준, 내가 모르는 청년 E·A의 일에 관계가 있다고 생각하기 시작했다.
　또 그때 레이몬드가 나에게 대해서 이 청년의 일에 관해서 그의 부친에게 전해 주었으면 하고 희망하고 있었다는 것, 이 1월의 교령에서 조금 지난 후 나는 낯선 사람——그 사람과는 나는 그때까지도 만난 일이 없지만, 그것이 여기서 말해지는 D부인이라는 것도 알게 되었다——으로부터 편지를 받았던 일을 기억해 냈다.
　그녀는 이 편지 가운데서 나에게 E·A가 그녀와 페다와의 교령 때에 나타났었다는 것을 소년션 박사에게 알려야 할지 어떨지를 심령과학 연구가인 나에게 문의해 왔던 것이다.
　이 이야기 전부는 매우 강력한 신빙성을 지닌 것이라고 생각하는데, 그것은 또 다른 곳에서 언급할 때가 있을 것이다. 그러므로 여기서는 다만 이 청년은 어떤 불행한 사고로 죽었다는 것, 그리고 박사는 자신을 방문해 준 D부인으로부터 아들이 '출현'했다는 소식을 듣고 깜짝 놀랐었다는 것만 말해 두면 충분하리라.
　더구나 스코틀랜드로 박사를 찾아왔을 때 묘사해 낸 박사나 집의 모습과 완전히 일치했었으므로 금방 찾을 수 있었다고 한다.
　그러면 이야기의 발단을 제자리로 돌려서 E·A의 일이 레이몬드로부터 처음으로 전해진 1월 28일의 교령부터 이 이야기와 관계가 있는 부분을 발췌해서 소개하겠다.

페다——레이몬드는 E라는 사람을 만났었다. 덩신이 그를 알고 있느냐고 묻고 있다.

페다——그건 나이먹은 부인인가?

페다——남자이며, 물에 빠져 죽었다고 한다. 그는 이 사람을 도와주고 있다. 이 사람은 그 보다도 먼저 죽었다.

롯지——물에 투신자살했는가?

페다——그렇지는 않다. 그의 이름은 E이며, 스코틀랜드 태생인 아버지는 E의 부친을 알고 있으리라고 말하고 있다.

나는 잠시 까닭이 있어서 이 문제에 대해서는 필요 이상의 말을 하지 않겠으며 또한 부족하지도 않게 하겠다. 아버지는 E의 부친을 알고 있으며, 또 만날 것이다. E의 부친도 스코틀랜드 사람이다. 단언할 수는 없지만 E의 부친은 지금도 스코틀랜드에 있는 듯하다. 그의 부친의 이름은 A로 시작되므로 그의 이름은 E·A다. 그는 배에 타고 있었다. 그 배에 탔던 사람들은 모두 익사한 듯하다. 그는 나보다 나이가 많으며, 나보다 일찍 죽었다. 그는 몹시 얼굴이 검은 사나이었다. 아버지는 그의 부친을 잘 알고 있지만 그가 알는지는 잘 모르겠다. 그의 부친과 아버지와는 몇 년 전부터 잘 알고 있지만 별로 만날 기회가 없었다. 하지만 그 동안에 그의 부친으로부터 아버지에게 무엇인가 소식이 올 듯하다. 그러므로 아버지는 그의 부친에게 그에 관해서 이야기할 기회가 있을 것이다.

롯지——별명이라면 나로서도 짐작이 간다. 하지만 그것은 아마도 묻지 않는 편이 좋을 것이다.

페다——부친은 내가 하는 말을 언제나 반드시 정확하지는 않다는 것을 알고 계시겠지만 그가 스코틀랜드에서 태어난 것만은 틀림없는 사실이다.
 레이몬드는 D자를 보이고 있다. 하지만 이것은 사람의 이름이 아니라 장소의 이름, 그곳에서 멀지 않은 곳의 이름이라고 말하고 있다. 그리고 반대 방향으로는 머릿글자가 L자인 곳이 있다.

 사람들은 E가 사실은 어떻게 죽었는지를 모른다. 물에 빠져 죽은 것은 알고 있지만 그 사고가 어떻게 해서 일어났는지는 모른다.
 나는 이때의 교령에서 말해진 인물이 정확하게 소넨션 박사라는 것을 알았다. 그래서 나는 박사의 아들에 관한 일은 알지 못했지만 박사의 아들이 바다에서 죽었다는 이야기를 기억해냈다. 하지만 나는 박사에게는 가슴아픈 이야기를 이쪽에서 꺼내기 위해서는 좀더 정확하고 자세한 상황을 알 필요가 있다고 생각하고 있었다.
 하지만 나는 결국 좀더 자세한 사실을 알게 되었으며, 이 교령에서 한 달쯤 후에 D부인이 그 장벽을 깨뜨려 준 다음에야 박사를 방문하게 되었다. 또한 그때 D부인이 배후령인 페다를 통해 전해진 것, 즉 나에게 편지로 써서 보내 준 박사의 집의 모양이나 그 밖의 사항이 페다가 말한 그대로였다는 것을 확인했다.
 그러면 이야기는 다시 한번 제자리로 돌아와 이 항의 처음 3월 3일의 페다와의 교령기록을 계속하기로 한다.

 페다──레이몬드는 그의 모친에게 주려고 붉은 장미꽃을 가지고 왔다. 그리고 당신에게는 그 사실을 그의 모친에게 전해 줄 것을 희망하고 있다. 레이몬드는 그것을 영계(靈界)

로부터 가지고 왔지만 꽃은 물질화(역자해설 참조)하지 않았다.

롯지―― 월요일에 도와준 일이 있던 조금 전의 두 사람에 관해서 달리 할 말은 없는가?

페다―― 없다. 하지만 레이몬드는 이들을 데려다 주었다.

롯지―― 그런데 무슨 까닭으로 그는 특별히 그 두 사람을 도와주었을까?

페다―― 그렇게 하지 않을 수 없었기 때문이라고 그는 말하고 있다. 그 두 사람은 자기들이 몹시 괴로워하다가 죽은 것이 아닐까 하는 생각에 매우 가슴아파 하고 있었으니까.

롯지―― 레이몬드는 그 두 사람을 전부터 알고 있었는가?

페다―― 그는 알고 있었다. 하지만 페다에게는 그것이 누구인지 가르쳐 주지 않는군.

롯지―― 그 두 사람에게 전할 말은 없는가?

페다―― 아들은 행복, 전보다도 행복하다고 전해 달라고 한다. 레이몬드는 당신이 전에 왔을 때부터 당신의 도움이 되었으면 하고 생각하고 있었다. 그것은 아버지도 알고 있다고 하며, 그 다음에 '나는 이런 재미있는 방법으로 아버지를 도와주었다'라고 말하고 있다.

> **역자해설** 사람이나 사물이 형태를 이루어서 눈에 보이는 형태로 나타나는 현상으로서, 독자중에는 심령사진으로 본 사람도 많으리라고 생각한다.(심령과학 1권 참조)

이 이야기에는 또 약간의 후일담이 있다. 그것은 그 후 내가 소넨션 박사와 만났을 때 박사가 이야기한 것이지만, 이 이야기를 들으면 이 항에서 내가 지금까지 기술해 온 전체의 의미를 좀더 분명하게 알게 되리라. 박사의 이야기는 다음과 같다.

　박사는 2월 중순 경에 조금 전에 언급한 D부인의 방문을 받아 아들의 출현 소식을 듣고 자세한 것을 알게 됨으로써 깜짝 놀랐다.

　박사의 아들들은 사고가 난 지 5일 동안 소식이 없다가 해안에 익사한 시체로 떠 있는 것이 발견되었는데, 아들이 얼마나 괴로워하다가 죽었을까 하고 박사의 부인이 가슴아파 하고 있었으리라는 것은 쉽게 상상할 수 있다.

　박사는 D부인의 이야기를 듣자 부인과 함께 레오나르드 부인과 교령회를 해보기로 결심했다.

　아들이 죽을 때의 사정을 알 수 있을지도 모르겠다고 생각했기 때문이었다. 그래서 교령은 다아링튼의 친구를 거쳐 일부러 돌려서 보낸 편지로 익명의 교령을 신청했다.

　다아링튼을 경유한 것은 레오나르드 부인에 대해서 자신의 신분을 숨길 목적도 있었지만, 나에게도 교령하는 것을 알리고 싶지 않았기 때문이다. 그래서 교령 때는 박사 부처는 레오나르드 부인이나 페다에게도 '다아링튼에서 온 신사와 숙녀'로 밖에는 알려져 있지 않았음과 동시에 나도 자신의 교령회(3월 3일)의 처음 부분에서 레이몬드가 지난 번 월요일에 도와 주었다고 페다에게 말하는 '다아링톤의 신사와 숙녀'가 누구인가는 짐작이 가지 않았다는 셈이다.

　또한 이 항의 처음 부분에서 이 두 사람이 왔을 때 나타난 레이몬드에게 페다가 '저기 가 있어라'라고 말한 것도 페다에게는 이 두 사람과 레이몬드와의 관계를 모르고 있었다는 것을 나타내고 있는 것이다.

영매와 배후령(背後靈)

　대부분의 사람들은 영매에 관하여 이야기로는 듣고 있었으나 스스로 영매들과 접하고 교령을 할 기회를 갖은 사람들은 별로 많지 않다. 그래서 영매나 교령의 실제 모습, 배후령이라는 특수한 이름으로 불리고 있는 특별한 '인격' 등에 대한 극히 외견(外見)적인 사실을 교령에 입각해서 여기에 소개하겠다.
　우리가 레이몬드와의 교신을 위해서 교령을 행한 영매는 피이터스씨, 레오나르드 부인, 크레그 부인 등 세 사람인데, 주로 두 사람이 맡아왔다. 각각 영매로서의 진정한 능력을 지니고 있는 사람들이었지만 특히 피이터스씨는 투시능력이 뛰어난듯 했으며, 게다가 깊은 트랜스 상태에 들어가기 전에, 즉 배후령에 의한 조정이 시작되기 전에 어느 정도 그 자신의 투시능력을 얻을 수 있었던 모양이다.
　또한 피이터스씨의 경우는 주된 배후령——'월석'이라 불리며, '월석' 자신의 '자전(自傳)'에 의하면 그는 본래 요가 행자(行者)였다고 한다——이외에도 보조령이 있어서 교령 도중에 배후령이 '교대'되는 일이 흔히 있었다.
　레오나르드 부인은 언제나 인디언 소녀라고 칭하는 페다라는 앳띤 배후령의 후견하의 상태에서 교령을 행했다. 크레그 부인과의 교령은 우리들이 교령을 행했던 기간(1915년 9월~1919년 4월)을 통하여 단 한번 뿐이었지만, 이 사람은 직접 교신이 특징이었다.

영매나 배후령이라는 것은 별로 낯익지 않은 사람에게는 생소하게 들릴 것이다. 그래서 간단하게 설명을 해 두자면, 배후령이란 영매가 트랜스 상태로 들어갔을 때에 나타나서 영매를 조정하는 특수한 인격을 말한다.

이 상태에 들어가면 영매는 그들의 평상시의 상태와는 다른 방법으로 이야기하거나 쓰거나(자동기술) 해서 저승의 통신자라고 생각되는 자로부터의 메시지를 전하는 것이다. 이 상태에 있을 때, 영매는 평상시의 그들이 지니지 못했던 투시능력이라든가 저승과의 교신능력을 얻는다고 생각하고 있다. 배후령은 제2의 인격이라고 하는 사람도 많다. 여하간에 '제2의 인격'임에는 틀림없지만, 그 본질에 대해서는 제Ⅱ부에서 설명하기로 하겠다.

피이터스씨의 교령

레이몬드의 형 아레크가 처음으로 교령이라는 것을 경험했을 때의 기록에서.

10월 23일 케네디 부인의 집에서 케네디 부인, 나의 아내, 아레크, 피이터스씨, 네 사람이 출석하여 교령을 행했다.

(그때 교환된 대화에 대해서는 대부분은 생략하고, 교령의 모습을 나타내는 것만을 목적으로 했다. 아레크의 메모에 의함)

──모친과 나(아레크)는 그날 아침 11시 5분 전에 케네디 부인 댁에 도착했다. 부인은 우리들에게 자기도 참석할 수 있느냐고 묻기에 우리는 그렇게 하자고 했다. 피이터스씨가 오자 우리와 악수를 나누었지만 아무런 인사소개도 없이 모두 2층에 있는 케네디 부인의 방으로 갔다. 그가 이곳을 원

했기 때문이다. 직경 4피트 정도의 테이블을 둘러싸고 네 사람이 앉았다. 나와 어머니가 창을 등지고, 피이터스씨와 케네디 부인은 우리 쪽으로 얼굴을 향한 형태로 앉았다. 나와 피이터스씨, 어머니와 케네디 부인이 각각 마주앉은 모습이 되었다. 피이터스씨는 케네디 부인의 손을 잠시동안 쥐고 있었고, 어머니와 케네디 부인은 대화를 나누고 있었다. 피이터스씨가 의자를 약간 물려서 자신의 눈을 비비며 갑자기 격렬하게 몸을 뒤틀려고 했다고 생각하자마자 엉터리 영어로 떠들기 시작했다.

트랜스 상태로 들어가자 그는 눈을 감고, 상대방을 '볼'때에는 눈을 감은 채 눈을 그 쪽으로 향하여 눈꺼풀로 그 상대를 '보았다' 몇번 배후령의 교대가 끝나자 몸을 심하게 밀어 올리는 듯이 하고 또다시 이야기를 시작했다.

나를 향해서 이야기를 하고 있을 때에는 나의 손은 레이몬드의 양손에 의해서 꼭 쥐어져 있었고 목소리는 레이몬드 자신이 말하고 있다고 밖에는 생각할 수 없는 것이었다. 나의 오른손은 그때 피이터스씨의 손에 의해서 쥐어져 있었지만, 만약 손이 자유스러웠다고 하더라도 나는 메모를 하는 일은 역시 할 수 없었을 것이다. 그는 곧 트랜스 상태로 들어가, '월석'이 그를 지배하기 시작했다. '월석'은 처음에는 일반적인 인삿말 같은 말을 한 다음에 이야기하기 시작했다.

월석——나이 많은 부인이 보인다. 키가 크고 머리카락이 잿빛이며, 가름마를 가운데로 타고 있다. 잿빛 눈에 입이 크다……

어머니——나의 어머님일지도……

월석——(나를 향해서) 그녀는 자신의 입술에 손가락을

대고 있다. "나는 O를 자랑스럽게 생각하고 있다"(영매는 자신의 입에 손가락을 대고 있었다.)
　(그동안 사이를 두었다가 여기서 통신자는 배후령 대신에 파울이 이야기하기 시작한다. 그리고 다시 '월석'이 이야기를 시작하고 그는 어머니에게 이야기를 한다.)
　월석――노부인의 일로 돌아가자. 그녀는 돌아가려 하고 있다.
　어머니――어머니에게 나의 기분을……
　(여기서 지배령이 바뀌고 케네디 부인이 '빨간 깃털'이라 부르고 있는 지배령이 영매를 조정하기 시작한다. 그는 자신의 손을 친다)
　빨간 깃털――(케네디 부인에게) 당신은 나를 알겠소?
　케네디 부인――빨간 깃털이죠?
　빨간 깃털――당신을 만나서 기쁩니다. 당신은 당신의 머리에 손이 얹혀 있는 것을 느낄 것입니다. 그것은 소녀의 손이요. 당신의 아들이 데리고 온 소녀요. 그럼 나는 가 보겠습니다.
　(또한 지배령이 분명히 바뀌고 처음에는 매우 듣기 힘든 음성으로 이야기하기 시작한다)
　――나는 오고 싶었다. 나는 당신이 통신이 가능하다는 것을 알고 있으리라 생각하고 있었다. 그래서 나는 이쪽 사람들보다는 좋은 상태에 있다.
　영매는 테이블 너머로 나의 오른손을 쥐었다. 그의 두 팔은 테이블 위에 얹혀지고 그 위에 그는 머리를 얹고 두 손은 나의 오른손을 쥐고 있었다. 그의 훌쩍훌쩍 우는 격렬한 감정은 이 장면을 긴장시켰으며, 그의 손과 목덜미는 충혈되었고 음성이 레이몬드와 똑같았으므로 나는 레이몬드의 손에 의해서 쥐어지고 있다고 생각할 수 밖에는 없었다. ……이윽고 긴장이 차츰 풀리고 이 특별한 조정 실험이 끝났다. 영매는 자신에게 이야기하는 듯이 입속으로 중얼거렸다. 얼마를 지나자 다시 '윌석'이나 피이터스 자신이 자신의 투시력으로 말하는 듯한 느낌으로 이야기하기 시작했다.

역자해설 '나는 오고 싶었다' 이후는 배후령이 없는 교신, 즉 레이몬드가 직접 영매를 조정한 직접 통신인 듯하다.

영매가 허우적거리면서 몸을 심하게 움직여서 트랜스 상태에서 깨어남으로써 교령이 끝났다. 그리고 그는 자신이 매우 깊은 트랜스, 완전한 무감각상태 속에 있었던 것 같다고 말하는 것이었다.

레오나르드 부인의 교신(交信)

레오나르드 부인의 배후령인 페다의 경우는 매우 특징적이었다. 흔히 영매들은 깊은 트랜스 상태로 들어가면 들어갈수록, 얕은 트랜스 상태나 반트랜스 상태일 때보다도 정보가 진한 것이 된다.

이것은 얕은 트랜스 상태나 평상상태 등에서는 정보가 영매의 자질이나 기존지식 따위에 의해서 잘못 전해질 가능성이 많으므로 깊은 트랜스 상태에서는 이것이 없어진다.

영매를 통신기의 수신기에 비유하면 얕은 트랜스 상태로는 같은 정보라도 영매에 의해서 각각의 통신기의 성질에 의해서 잘못 받아서 전해지지만 깊은 트랜스 상태에서는 이 혼란이 없어진다고 생각해도 좋으리라.

페다의 경우는 이밖에도 그 독백(獨白)과 어린애같고 극적인 페다 자신의 성질에 의해서 특징지어진 특색이었다. 페다에게는 때로는 어린애다운 무책임한 면이 있어서 제멋대로 정보를 비뚤어지게 하는 일이 있었다. 페다의 독백은 페다와 저승의 통신자 간의 대화를 나타내고 있어서 교령회의 출석자에게 말해져 있는 것은 아니었다.

나는 이 단편(斷片)을 될 수 있는 한 모으려 하고 있었다. 왜냐하면, 이 독백 중에서 페다가 말하고 있는 것은 그녀와 그 통신자 간의 무책임한 대화이며, 그 결과 교령회의 출석자에게 페다가 말하는 것보다 더 신뢰할 수 있는 경우가 많았기 때문이다.

예를 들면, 언젠가 그녀의 독백에서, "뭐라구요. 롤랜드?" 이것은 또렷하게 들리는 속삭임이었다"라고 말한 뒤 "로나르드라고 말하고 있다"라고 전한 적이 있는데, 이것은 롤랜드가 정확한 것으로 우연한 경우로 알게 되었던 일도 있었다.

페다의 극적이고 어린애다운 성격에서 오는 무책임성에 대하여 레이몬드 자신도 "이 일에 대해서 그녀에게 따끔하게 말하지 않으면 안되겠다"고 말했을 정도이다.

그것은 그렇다 치고, 페다와의 교령의 특징적인 예를 소개해 보자. 이것은 레오나르드 부인의 자택에서 전에 아무런 예고도 없이 방문한 레이몬드의 형 라이오넬 사이에 전혀 모르는 사이로서 행해졌던 교령으로서 11월 17일에 있었던 일이었다.

레오나르드 부인은 그녀에게는 갑작스럽게 찾아온 낯선 방문객 라이오넬을 현관에서 두어 마디 주고 받은 뒤에 그를 자기 방으로 안내, 창문의 창 가리개를 내리자 언제나처럼 빨간 램프를 켜고 교령에 들어갔다.
 그녀는 자신의 지배령이 페다라고 말하고는 즉각 트랜스 상태로 들어갔다.

 페다——안녕하십시까? 오, 당신 자신이 매우 심령적 (心靈的)이군요.
 라이오넬——전 그런 건 모릅니다.
 페다——좋아요. 금방 알 수 있으니까요. 당신 곁에 영이 둘 서 있습니다. 나이 많은 쪽은 잘 보이지만 젊은 쪽은 잘 보이지 않는군요. 나이 많은 쪽은 턱수염을 기르고 있습니다. 콧수염이 아닙니다(턱수염과 콧수염의 차이가 분명치 않아서인지 페다는 이 말을 몇번씩 되풀이 했다). 나이 많은 영에게는 W자가 보입니다.
 그리고 또 한 사람이 있습니다. 누군가가 웃고 있습니다. 농담이 아니예요, 이것은 사실이예요(이것은 속삭이는 소리로 나——라이오넬에게 말하는 것 같지는 않았다). 그는 23세나 25세 가량의 청년으로 보입니다. (속삭임 소리로) 페다에게는 그의 얼굴이 보이지 않습니다. (이윽고 분명하게) 그는 페다에게 얼굴을 보이고 싶지 않은 모양이예요. 그는 웃고 있어요. (몇 번인가 속삭인다) L·L·L. (그리고 큰소리로) L, 하지만 이것은 그의 이름이 아니예요. 그는 이 글자를 당신 옆에 보이고 있어요. (또 다시 속삭이는 소리로) 페다는 그를 알고 있어요. 레이몬드요. 오오, 레이몬드예요! (마치 어린애가 기뻐하듯이 영매는 뛰어오르며 손뼉을 친다) 그는 페다가 그를 알고 있으니까 얼굴을 숨기고 있는 것이군요. 그는 당신의 어깨를 세게 두드리고 있어요. 당신은 그것을 모르겠지만 그는 두들기고 있는 중이예요. ……(중략)……
　그는 F의 일로 고민하고 있군요.
　라이오넬──F? 누군지 모르겠군요. 친구인가요?
　페다──(영매는 손가락을 튀긴다) F의 문자, 좋아요. 그가 관심을 가지고 있는 누군가일 거예요. 반드시. ……(중략)…… 파아스── 파아펙──
　라이오넬── 파아스펙티브?
　페다── 그래요. 그가 말한 것은 바로 그것이에요. 당신 나를 따라올 수 있겠어요?
　라이오넬── 좋아요.
　……(중략)……
　페다── 레이몬드는 끝까지 페다에게 얼굴을 보이지 않았어요. 페다를 놀리는 거예요.
　안녕히. (페다는 사라진다)

인격이 죽은 후에 살아 남는다는 교차 통신

　나는 여기서 상호교차통신(相互交叉通信)라는 교신방법에 대해서 간단하게 설명해 주는 것이 독자를 위해서 편리하다고 생각한다. 교차통신이란, 서로 관계가 없는 독립된 두 사람 또는 그 이상의 영매를 통해 거의 같은 시각에 같은 통신자로부터의 일정한 제목에 관한 메시지를 얻는 방법이다.
　복수의 영매가 완전히 같은 시각에 교령을 행하는 일은 엄격하게 말해서 대개는 불가능하지만 교신의 제목까지도 분명히 동일한 것이 표시되어 있으면 시각의 완전한 일치라는 것은 별로 문제삼지 않아도 좋은 경우가 있다.

또한 교신의 제목은 엉뚱하여 전혀 관계가 없는 것을 모은 것이 아니면, 똑같은 말을 사용하는 일반인에게는 공통적으로 알려져 있는 것이 선택된다.

교차통신에는 몇 가지 단계의 것이 있다. 가장 간단한 것은, 두 사람의 영매가 보통 수단으로는 알 수 없는 똑같은 하나의 예외적인 말이나 똑같은 개인적인 일 등에 관하여 행하는 교차통신인 것이다. 이것을 변형시킨 것으로는, 예를 들면 세 사람의 영매가 하나의 똑같은 '생각', 그것을 다른 표현 방법, 다른 말로 표현한 것 ──《모요즈》(로마신화, 죽음의 신), 《사나타》(그리이스 신화, 죽음의 신), 《죽음》이라는 것 ── 을 쓰고 있다.

또 '생각'은 완전히 감추어져 인용 어구 속에 들어 있으며 ──그 인용 어구의 특수한 의미는 영매로서는 우선 알 수 없는 것이며, 마지막으로 모든 교령 기록을 제공하는 한 사람의 검사역(檢査役)에 의해서만 그 의미가 찾아내어져서 해석되도록 짜여진 교차통신도 있다. 어떤 경우에는 통신자에 의해서 인용 어구가 분명히 의식적으로 변형되는 일도 있다.

주의가 기울어져 있는 그 어구 속의 중요한 말이 생략되었거나 변형되었거나 하는 것으로서, 이것을 그대로 사용할 경우, 인용 어구의 뜻이 영매에게 알려져 버린다는 위험을 피하기 위한 것이다.

심령조사협회 회보에는 가장 복잡한 형태의 교차통신의 다양한 예가 많이 게재, 소개되어 있다.

여기에 실려 있는 것 중 어떤 것은 너무나 복잡하여 의식적으로 '생각'이 감추어져 있는 경우도 많다.

이것은 한 사람의 영매에서 다른 영매에로 무의식 또는 의도되지 않은 텔레파시적 정신감응의 가능성을 완전하게 제거하여——검사역에는 무언가 진실이었던가——즉 한 사람의 통신자의 의도가 무엇이었던가를 알 수 있도록 짜여져 있는 것이다.

이것이 복수의 영매라는 이질적인 통신경로를 거쳐서 보내져 오는 메시지가 하나의 통일을 지닌 지성(통신자)의 실재를 확임함과 동시에, 영매들의 진정한 모습을 결과적으로 확증하게 된다. 왜냐하면 영매들이 받아들이는 통신내용은 그것만으로는 어느 것이나 아무런 뜻도 없는 말의 조각과, 종잡을 수 없고 뜻이 되지 않는 사실의 조각이어서, 다만 모든 조각을 검사역이 일일이 붙여서 해석했을 때에만 뜻을 알 수 있게끔 되어 있기 때문이다.

내가 이 책에서 레이몬드에 관해서 소개하는 간단한 교차통신에 관해서는 방금 설명한 것과 같은 복잡한 설명은 특별히 필요하지는 않다.

하지만 이 교차통신이라는 문제 자체는 매우 중요한 것이다. 그리고 그 중요성은 이 문제를 연구하는 사람에 의해서도 언제나 잘 이해되고 있다고는 할 수 없다.

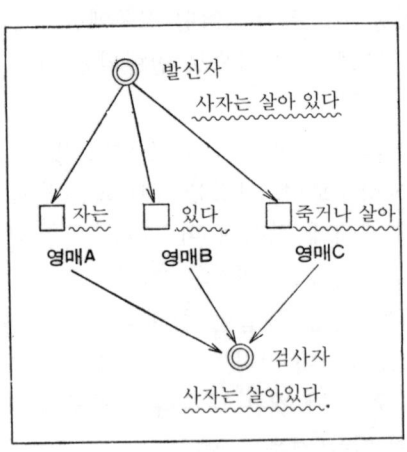

클로스 컴펀텐스의 그림

《그림설명》 발신자의 단계에서는 '사자(死者)는 살아 있다'라는 뜻이 통하는 문장이, 이것을 각각 별도로 수신하는 각 영매의 단계에서는 중간중간이 끊어져서 뜻이 통하지 않는 것으로 되어 있다. 뜻을 이루지 않으므로 영매가 여기에 제멋대로의 '가공'을 베풀거나 하는 일은 불가능하다.

그러나 각 영매로부터 단편을 모은 검사자는 이것의 뜻을 각각 재생시킬 수 있다. 이것에 의해서 첫째, 영매의 참뜻을 확인할 수 있을 뿐 아니라 둘째, 통일성 있는 지성을 지닌 한 사람의 인격(통신자)의 존재를 확인할 수 있는 셈이다.

실험으로는, 발신자는 물론 '이승의 인간'으로서 사자의 죽음을 확인하는 것이 목적이 아니라, 영매들의 초능력을 확인하는 것이다. 이것은 실험이 아니라 발신자가 고인(故人)일 경우 그 인격의 잔존이 확인된 셈이다. 단 이 경우에는 실험이 아니므로 실험 때처럼 복잡한 주제를 의식적으로 만드는 일 따위로는 불가능하다.

그리하여 영매끼리(서로 독립되고 관계가 없는)의 텔레파시적 감응이라는 것이 문제가 되는데 이 점에서 여러 이론이 나온다.

단 롯지는 텔레파시적 이론은 억지 이론으로서 좀처럼 모든 사상(事象)을 설명할 수 있는 것이 아니라고 부정하고 있다. 본서 제Ⅱ부 참조(교차통신은 초상적 심령주의, 초능력 문제 등의 가장 중요한 연구방법으로 취급되는 것이므로 원저자의 설명에 덧붙여 역자도 책임을 느껴 좀더 자세하게 설명을 추가시켜 두었다. 따라서 이 항의 그림과 그림의 해설은 원저자의 것이 아니라 역자의 것이다).

그러면 나는 이제부터 레이몬드에 관해서 볼 수 있었던 몇 가지 교차통신의 예를 들어 보기로 한다.

(1) 내쪽에서 물어 본 교차통신

이 책의 사실 증거 가운데서 독자도 가장 감탄했으리라고 여겨지는 나 자신의 모든 상황에서 첫째 가는 압권, 더구나 왈가왈부할 여지가 없는 증거를 제공하고 있다고 생각하는 것은 앞서 예를 든 단체사진의 예이다.

이 예에서도 교차통신이 특히 신빙도가 높은 형태임을 나타내고 있다.

우리들에게 사진의 존재가 피이터스씨에 의해서 지적된 것은 이미 쓴 바와 같이 1915년 9월 27일, 레이몬드가 죽은 지 아직 2주일 정도 밖에는 지나지 않았을 무렵이었다.

그 지적은 극히 간단하게 사진의 존재를 말했을 뿐으로, 지적당한 우리들 자신도 그것이 사실인지를 반신반의했을 정도였다(단체사진의 항 참조).

그러나 11월말 시바 부인으로부터 온 뜻밖의 편지로 존재를 알게 된 나는 12월 3일 레오나르드 부인과의 교령으로 그 사진의 내용을 레이몬드에게 물어 보았다. 그리고 레이몬드가 지적했던 내용이 정확하다는 것으로 그 후 우리들에게 입수된 사진에 의해서 확인되었다(12월 7일).

피이터스씨, 레오나르드 부인이라는 서로 아무런 관계가 없는 독립된 영매, 더구나 양자 모두 보통 방식으로는 이 사진에 관한 일은 알 리가 없는 자를 통하여 동일한 사진에 대해서 한편은 그 '존재'를 지적하고, 또 한편은 그 '내용'이라는 식으로 별개의 교신내용이 나온 셈이다.

뿐만 아니라 이 경우에 가장 가치가 있는 것은, 피이터스씨의 지적은 제쳐 놓고, 레오나르드 부인의 지적으로 그녀나 페다가 최초에 행한 것이 아니라 내가 처음으로 이 일을 꺼내고 그 질문에 대답하는 형식으로 레이몬드가 사진의 내용을 이야기하고 있는 점이다.

아무리 강력한 텔레파시라도 이것은 두 영매 간에 텔레파시적 감응이나 극단적으로 말하면 밀통(密通)이 존재할 가능성을 주장할 수 없을만한 증거력을 가질 것이다. 두 영매의 배후에 레이몬드라는 통일성 있는 인격의 존재를 인정하지 않는 한 이 단체사진 건을 설명할 수는 없다.

(2) 레이몬드가 희망한 교차통신

레이몬드가 교차통신을 희망했던 예를 소개하기로 하자. 10월 22일에 가졌던 나, 아내, 레오나르드 부인의 교령회에서 이런 장면이 일어났다.

롯지 —— 레이몬드는 다른 방향을 통해서 같은 사항을 알릴 수 있는가?

페다 —— 가능하다고 말하고 있다. 그는 캐시(배후령의 하나)를 이용하여 쓰고, 동시에 가족 교령으로 똑같은 것을 알릴 수 있다고 말하고 있다.

롯지 —— 그것은 같은 날 밤에 하는 것이 좋은가, 아니면 다른 날이 좋은가? 그대는 어떻게 생각하는가?

페다 —— 처음에는 같은 날에 해보기 바란다. 그리고 어떤 성과가 있는가를 보라.

11월 26일 레오나르드 부인과의 교령으로 아내가 교차통신을 해보기로 하였다는 것을 레이몬드에게 말했을 때에도 그는 똑같은 대답을 했다.

나는 레이몬드가 교차통신에 관한 것을 알고 있었다고는 생각하지 않으므로 실은 맨 처음에 답했을 때 그 대답이 너무나 손쉽게 빠름과, 그가 그것을 매우 기뻐하고 있다는 것에 약간 놀랬다. 아마도 이것은 마이어즈가 저승에서 '조기교육(早期敎育)'을 그에게 시켰는지도 모른다.

(3) 기묘한 교차통신

1915년 9월 27일, 아내와 피이터스씨의 최초의 교령에서는 약간 묘한 말이 나왔다.

월석──그(레이몬드)가 찾아오는 것은 어렵지 않다. 그것은 두 가지 이유 때문이다. 하나는 당신(아내)이 프랑스 부인을 도우러 왔기 때문이다. 그리고 또 한 가지는 그가 이쪽의 생활에 관한 지식을 가지고 있기 때문이다.

이 프랑스 부인이 아내의 안내로 교령을 한 상대는 이미 다른 곳에서 쓴 것처럼 레오나르드 부인이지 피이터스씨는 아니었다. 그러므로 '월석'의 말은 조금은 기묘하지만 자연스럽게 일어난 것처럼 단순한 교차통신의 예라고 할 수 있을 것이다.

그리고 나는 다음 항에서 역시 자연스럽게 일어난 교차통신의 예를 좀더 자세하게 실제의 장면에서 소개해 두겠다. 독자는 그 상응(相應)이 너무나도 멋짐에 틀림없이 놀랄 것이다.

자연스럽게 일어난 교차통신의 실례

크레그 부인과의 교령은 케네디 부인 댁에서 1916년 3월 3일에 내가 행했지만, 이 교령은 약간 이상한 점이 없었다. 크레그 부인은 앞에서 잠깐 언급한 바와 같이, 직접 교령이 그 특징이었다.

케네디 부인과는 이미 두세 번 교령을 한 바 있으며, 부인의 죽은 아들은 크레그 부인과 직접대화를 통하여 교신하고 있었다.

나는 오전 11시 15분에 부인 댁을 방문하여 영매의 도착을 기다리고 있었다. 11시 반에 크레그 부인이 도착했을 때, 나는 난로의 불을 보면서 케네니 부인과 이야기를 나누고 있었다. 그러자 "나와 교령할 분은 이 분이신가요?" 하는 음성이 들려왔다. 크레그 부인이 온 것이었다. 크레그 부인에게 잠간 쉬도록 난로 앞의 의자를 권했다. 하지만 놀랍게도 부인은 의자에 앉자마자 곧 트랜스 상태로 들어가 이야기를 시작했던 것이다.

크레그──오오, 많은 사람이 있다. 누군가가 '올리버 롯지 경'이라고 말하고 있다. 당신은 그런 이름을 가진 사람을 알고 있는가?

나는 놀랄 사이도 없이 "알고 있다"고 대답했다. 케네디 부인이 일어나더니 방을 약간 어둡게 했다. 영매가 외쳤다.

크레그──레이몬드라니 누구요? 레이몬드, 레이몬드, 그가 내 곁에 서 있다.
　그녀는 이제 완전히 트랜스 상태에 들어간 것이었다. 우리들은 의자를 난로에서 조금 물러나게 해 주었다. 부인은 무엇인가를 말하려고 허우적대며 미친 듯이 숨을 들이마시고 등을 문지르며 괴로워할 뿐, 아무 말도 하지 못하므로 케네디 부인이 일어나서 크레그 부인의 등을 문질러 주었다. 그러자 영매는 "아아, 괴로워, 의사는 어디 있죠?" 하고 신음했다.
　크레그――기쁩니다. 아버님, 어머님에게도 안부 전해주세요, 기쁩니다!
　하고 토막난 말이 나왔는데, 그것은 입속에서만 우물거릴 뿐, 잘 들리지 않았다.
　크레그――여러분에게 안부 전해 주세요.

　이 동안에는 전혀 노트를 할 수 없었지만 영매가 말한 것은 사랑하는 자와 만나서 기쁘다는 반가운 감정의 표현뿐이었다. 영매는 무언극을 계속하며 나를 껴안고 두들기며, 무릎을 쓰다듬고, 때로는 머리를 쓰다듬고, 손으로 나의 몸을 감싸서 기쁜 마음을 나타냈지만 말을 분명하게 할 수는 없었다. 그리고 다시 다른 무언극이 시작되었다.
　그는 군대 장비 중의 무엇인가를 찾고 있는 듯이 보였는데도 그 물품을 세어보니 권총이 없었다. 또 일기의 마지막 페이지가 아직 쓰여 있지 않았다는 모양을 나타냈으므로 나는 그것을 써 주기로 약속했다.
　다음에 영매가 말을 전혀 할 수 없었으므로 나는 종이와 연필을 건네주고 그것을 부탁했다. 쓰여진 것은 의미가 분명치 않은 것뿐이어서 무엇이 쓰여졌는지 알지 못했지만, 그

안에 한 마디 '대위'라는 말만은 분명히 읽을 수 있었다.
 영매는 예의없게 몸을 내던져 의자 위에 수족을 뻗치고 목이 앞으로 축 늘어지거나 뒤로 제쳐지는 모습이 되었으며, 때로는 몸을 잘 가누려고 스스로 노력했으나, 그것이 가능했던 것은 일순간 뿐이고, 곧 주책없는 모습으로 바뀌었다.
 잠시 후 레이몬드가 '안녕!'이라 말하고 다음에는 '대위'라고 생각되는 자가 영매를 조정하여 그녀는 용감한 군인다운 말투와 목소리로 무언가를 명령하고 있는 듯이 말했지만 조금도 중요한 일이 아니었다. 다음에 '대위'는 사라지고 그녀의 지배령이라는 호우프씨가 나타났다.
 크레그 부인의 이 교령은 이 영매의 자질의 진지한 태도와 정직성을 나타낸 것이라고 할 수 있지만, 이때의 교령에는 내용적으로는 아무 것도 취할 것이 없었다.
 그래서 같은 날 오후에 레오나르드 부인과 내가 행한 교령에 의해서 크레그 부인의 교령이 다른 뜻을 지녔다는 것을 몰랐더라면 나는 이를 이 책에 기록할 수 없었을 것이다. 그러므로 크레그 부인과의 교령에 대해서, 독자는 내가 다음에 서술하는 레오나르드 부인과의 교령의 기록을 나중에 다시 한번 읽어 주었으면 한다.
 〈같은 날 오후 페다와 교령의 기록에서〉
 페다──그(레이몬드)는 오늘은 파울과 함께 파울의 어머니(케네디 부인)에게 가 있었어요. 하지만 어머니와 함께가 아니라 다른 여자 분──페다는 영매라 생각되지만──과 함께였어요.
 이 영매는 레오나르드 부인보다 나이가 많으며 그는 처음 보는 사람이었다. 그는 그녀를 통하여 이야기하려고 했지만 그것이 간단하지는 않았다.

그는 몇번씩이나 다시 시작해 보았지만 아무래도 자신을 잃은 탓인지 차분하지 못했다.

롯지──누가 교령을 하고 있었는가?

페다──그는 안개 속에 있었던 것 같으며, 그것을 잘 알 수 없다고 말하고 있다. 하지만 그녀는 무엇 때문에 그렇게 몸을 예의없이 늘어 뜨리고 있었을까?

나는 그런 태도는 별로 좋아하지 않으며, 그것은 나를 곤란에 빠뜨릴 뿐이다. 그녀가 조용히 하고 있고 나를 조용히 보게 했더라면 좋았을 걸 캐시가 열심히 도와주었지만 그것은 혼란을 야기시킬 뿐이었다. 내가 보다 잘 저 영매를 조정할 수 있었다고 하더라도 좀더 잘 이야기할 수 있었다고는 생각지 않는다. 이야기할 때에는 그 전에 자신이 침착한 기분이 될 필요가 있기 때문이다.

페다에게는 알 수 있었다. 그는 보통 메시지를 전하려고 그 준비를 하고 있었다. 그는 머리 속에 그것을 정리해 놓고 있었다──단 몇 마디로. 파울이, 그렇게 하라고 말하고 있었으니까. 그가 하려고 한 것은 그것이었다. 그러나 그는 사물이 잘 보이지 않았다. 하지만 느꼈다. 그는 당신(롯지를 가리킨다)도 캐시도 그곳에 있는 듯이 느꼈지만 확실치 않았다. 그는 "혼란되어 있었던 거요." 그는 이 말을 하고 싶었다. 이것으로 끝이오.

페다가 여기서 이야기한 것은 이날 아침 크레그 부인과의 교령 때 일어난 사태를 완벽한 정확성으로 전하고 있지는 않다. 그러나 지적당한 일들이 적절했을 뿐만 아니라, 또 그 상황도 참으로 정확하게 묘사되고 있다.

이와 같이 정확무비한 지적은 크레그 부인, 페다(레오나르드 부인)의 양자 배후에 레이몬드라는 하나의 인격, 육체가 죽은 후에도 남아 있는 인격을 설명하지 않으면 설명할 수 없다는 것은 누구나 알 것이다.

교차통신이 갖는 중요한 뜻은 앞의 항에서 설명했지만, 내가 지금 여기서 소개한 두 가지 교령은 교차통신의 교묘한 것처럼 멋진 점은 없지만 극히 자연스럽게 일어난 교차통신의 예로서 나에게는 참으로 인상깊은 것이었다.

크레그 부인의 교령은 내용적으로는 아무 것도 없었다고 할 수 있지만 자연스런 교차통신의 예로서는 매우 귀중한 것이 되었다고 할 수 있을 것이다.

오렌지 부인의 이야기

레이몬드의 교신능력이 향상됨에 따라서 그가 점점 그다운 면모를 교령 방법 속에서 보여준 예를 두 가지쯤 소개하기로 하겠다.

그 하나가 이 항에서 기술(記述)하는 오렌지 부인의 이야기이고, 또 하나는 다음 항의 잭슨 누이인 것이다.

이 둘은 레이몬드의 면모도 면모이지만, 첫째는 인간의 사후생존의 증거로서 매우 강력한 증거력을 갖는다는 것, 그리고 둘째는 그 내용의 특이성과 각각 조금씩 다른 관점에서 우리들에게 매우 인상에 남는 두 가지 예라는 것이다. 독자들도 이를 재미있게 읽으리라고 생각한다.

먼저 순서에 따라서 어떤 노래가 맨 처음에 지적된 알레크와 레오나르드 부인과의 교령(12월 21일, 레오나르드 부인댁) 때의 기록을 보기로 하자.

알레크——레이몬드에게 우리가 늘 화제로 삼아 온 상징적인 것을 무언가 기억하고 있느냐고 물어 보았으면 한다.

페다——자동차와 노래라고 말하고 있다. (페다, 속삭임 소리로——무엇이라구? 모두가 자동차에 관한 일을 화제로 삼았었다구?)

알레크——그는 어떤 노래를 불렀을까?

페다——헬로우, 할로우…… 할룰루, 할로우, 어쩐지 호텐톳트의 노래같은 소리가 페다에게 들린다. 그는 그래도 오래 전의 일이라고 생각하고 있다. (페다, 속삭임 소리로——오렌지 부인?) 그는 어쩐지 오렌지 부인이라고 말하는 듯 하다.(페다, 속삭임 소리로——그것은 오렌지를 파는 여인에 관한 것?) 아니, 틀려, 틀려, 오렌지 부인의 덕과 아름다움을 찬양한 노래라고 하는군. 그리고 '마'(MA)로 시작되는 재미 있는 노래라고 말하고 있지만——페다에게는 그 이상은 잘 모른다——누군지 사람의 이름 같지만, 그리고 〈아일랜드 인의 눈동자〉(노래제목) 같다…. (페다, 속삭임 소리로——그리고 그 노래는 당신——레이몬드는 가리킨다——둘이 실제로 불렀던 거요?) 그렇군 누군가의 정월달 생일날에 불렀다고 하는군.

알레크——그렇소.

페다——(속삭임 소리로, 누구의 생일이지?) 그는 누구의 생일인지 말하고 싶지 않았다. 그(알레크)는 알고 있다고 말하고 있다. (레이몬드의 생일은 1일이었다——롯지)

이 교령의 내용은 매우 확실한 증거력을 가진 것이다. 이 가운데서도 레이몬드는 〈나의 오렌지 처녀(마이 오렌지 걸〉〉라는 노래제목에 관해서 언급하고 있다.

 이 노래가 지적되었다는 것만으로도 충분히 증거력을 갖지만 그것이 만일 〈마이 오렌지 걸〉이라는 정확한 제목으로 말해졌다면 그 증거력은 상당히 높았겠지만 이 교령에서 실제로 말해진 한 사람의 오렌지 부인 정도는 아니었을 것이다.

 왜냐하면 〈나의 오렌지 처녀〉는 다른 사람도 알고 있는 이름인데 페다가 오렌지를 파는 시장의 처녀와 혼동하기 쉬웠던 것처럼 사람을 당혹(當惑)시키는 말투로 한 사람의 오렌지 부인이라고 말하는 것 따위는 생전의 레이몬드의 독특한 성격이 그대로 나타나 있기 때문이다.

 게다가 오렌지 부인의 덕과 아름다움을 찬양한 노래라고 말한 것은 그런 노래 따위는 있을 법하지도 않으므로 페다를 당혹시킬 뿐이어서 이것은 보다 레이몬드적인 장난기섞인 말투인 것이다.

 또 MA는 한 말로서가 아니라 MA라고 별도로 발음되고 있다는 것을 나는 나중에 알았는데, 이 MA는 나에게는 흑인의 노래 〈마 호니〉를 생각나게 한다.

 페다가 호텐톳트의 노래같다고 한 것은 이 때문이었으리라.

 그러나 MA는 정확하게는 마기(MAGGIE)를 뜻한다는 것을 레이몬드는 나중에 행한 테이블 교령회에서 분명하게 지적하고 있고, 이때의 테이블 교령회를 하고 있던 사람은 아무도 이 노래를 몰랐으나 이것이 생전에 그가 〈오렌지 걸〉 노래보다도 후년에 와서 좋아하던 노래라는 것을 노라(누이동생)가 확인했다.

 이 이야기는 후일담으로 두 가지의 에피소우드가 있는데,

모두 증거력을 강화시키는 것이다. 이것을 다음에 소개해 보겠다.

첫째 에피소드

방금 든 알레크의 교령이 있은 이듬해 4월의 어느 날 밤, 가족끼리 집에서 노래를 부르고 있을 때, 가끔 알레크의 교령에서 나온 노래라고 여겨지는 노래에 부딪쳤다. 페다의 말속에, '헬로우, 할로우…… 할룰루, 할로우, 어쩐지 호텐톳트의 노래같은 소리가 페다의 귀에 들린다'라고 한 것이었다.

가족이 알고 있는 다른 노래에 관한 레이몬드의 언급은 가족에게도 이해되었지만, 이 알 수 없는 노래에 관한 언급만은 간간히 멍청스레 기억되고 있을 뿐이며, 또 알레크의 마음에는 〈호노룰루〉에 대한 노래로 남아 있었다.

이 〈호노룰루(Honolulu)〉와 〈호텐톳트〉의 기억의 찌꺼기가 결합해서 생긴 것이었다.

그것은 어찌되었던 간에 이 〈호노룰루〉의 노래는 아무에게도 알려져 있지 않은 것이었다. 그러나 4월의 이날 밤이 되자 한 가지 잊고 빠뜨려져 있던 노래가 가족에게 떠올랐던 것이다.

그것은 R·L3·3·4(레이몬드 3월 3일 1940년이란 뜻)라고 연필로 쓰여져 있고 페다가 레이몬드의 메시지로 전해온 '아주 오래된 일이라고 여겨진다'는 말과 완전히 합치하는 그의 15세 때의 일이 된다.

이 노래의 제목은 〈나의 남국의 처녀〉라고 되어 있어서, 〈호노룰루〉라는 말은 인쇄된 가사에는 한 번도 나온 일이 없지만 그 가사의 내용이 레이몬드의 연필로 고쳐서 불려지고 있었던 것이다.
　튜울립에서 장미꽃까지 아무리 작은 꽃이라도
　만약 당신이 호놀룰라(Hono-lu-la-lu-la) 거리의
　브라운 아줌마였더라면.

　노래가 이날 밤새도록 불리어지기까지 가족의 누구도 나의 남국 아가씨의 노래를 외우고 있다고는 생각되지 않았다. 또 설사 이 노래에 관해서 기억하고 있었다고 하더라도 일반적인 가사로 알려져 있고, 또 레이몬드의 사적인 바꿔 부르기 노래를 모르는 한 호노룰루라든가 그것에 흡사한 음과 이 노래를 결부시켜서 생각해 보는 일 따위는 도저히 불가능했다.
　노래에 관한 질문에 대한 답으로서 '정말로' 레이몬드 자신의 노래가 아닌 노래에 관해서는 레이몬드는 아무 말도 한 바 없다. 그리고 그가 말한 것이라고는 아레크가 예상하고 있었던 것과는 완전히 다른 것이었다는 사실이 아레크의 주의를 강하게 자극했다.
　게다가 또 아레크가 이들 노래에 대해서 무엇인가를 생각하고 있었다 하더라도 그는 그것을 나의 〈오렌지 처녀〉라든가 〈나의 남국 아가씨〉라는 보통의 제목으로 생각하고 있었음에 틀림없다. 더구나 나의 〈남국 아가씨〉쪽은 아레크도 완전히 잊고 있었는데도…….

둘째 에피소드

　이 에피소드는 첫번째 이야기와는 약간 다른 면에서 중요하다고 생각된다. 이야기가 약간 길어지겠지만 소개하기로

한다.

1916년 5월 26일, 레이몬드의 형인 라이오넬과 누이동생인 노라 두 사람은 교령을 위해 런던에 있는 레오나르드 부인 댁을 방문했다. 교령은 오전 11시 55분에서 오후 1시반 사이에 행해졌다.

이 교령은 12시 10분부터 20분까지 계속 되었는데 테스트의 주제는 '레이몬드에게 런던에 있는 페다에 대하여 '호노룰루'라는 말을 하도록 전하는 일이었다.

물론 이것은 런던에 가 있는 두 사람이 알 리가 없었다. 아레크, 호우너, 로자린느 세 사람은 이 테이블 교령의 목적을 엽서에 급히 써서 버밍검 중앙우체국 경유로 나에게 우송했는데 여기에는 같은 날 오후 1시의 소인과 12시 43분 투함이라고 써 있었으며, 나는 오후 4시에 이것을 같은 자택에서 받아 읽어보고 즉시 개봉했다.

런던에 간 두 사람은 1주일 후에 이스트 가에 들렸다가 돌아왔는데 그동안에도 물론 두 사람은 아무 것도 모르고 있었다.

두 사람의 교령 기록은 가족 앞에서 낭독되었는데 그 마지막에 가서 '호노룰루'라는 말이 나왔다. 그리고 그것은 페다에게 그 말을 시키기 위하여 레이몬드가 몹시 서둘러서 다른 일과는 관계가 없이, 아무런 뜻도 없이 갑자기 나타낸 것이었다.

그 시간은 1시에서 1시 15분 사이라고 생각된다. 물론 교령 기록에는 그러한 시간 따위는 기입되지 않았으므로 이 시간은 내가 기록으로 판단한 시간인 것이다.

아레크 등의 테이블 교령과 관계가 있는 부분만을 보면 다음과 같이 되어 있다.

(레이몬드의 결혼한 누이와 그 남편에 관한 이야기를 했을 때, 페다는 별안간 소리쳤다)

페다——아레크의 건강은?

라이오넬——매우 좋다.

페다——그(레이몬드)는 아레크에 관한 일만 걱정하고 있다. 그는 언제나 테이블에 누가 있는지를 모른다. 하지만 무언가를 느끼고 있다. 그는 당신(노라)의 테이블에 앉아 있었다. 라이오넬도 같이라고 말하고 있다.

(그 후 '테이블은 별로 도움이 되지 않는다'라든가 '인디언이 뜨개질을 하고 있다'라든가 '릴리가 있다. 카아리(롯지 집안에서 기르는 개)가 있다' 따위의 말을 한 후)

페다——(노라에 대하여) 당신은 할 수 있다.

노라——무엇을?

페다——게임이 아니다, 음악을.

노라——나는 할 수 없을지도 몰라, 레이몬드.

페다——(속삭임 소리로) 그녀는 할 수 없다. 그는 당신이 '하룰루 호노룰루'를 할 수 있는지 그것을 알고 싶어하고 있다. 당신은 할 수 있소? 그는 몸을 뒤틀며 웃고 있다.

(그가 무언가를 크게 만족하고 나타낸다) 그는 자기가 누구에게 이야기하고 있는가를 알고 있지만 그 이름을 말할 수 없다.

라이오넬——내가 그에게 이야기해도 좋은가?

페다——안 돼요. 그는 무언가 요트에 관한 이야기를 하고 있다.

이 기록을 볼 때 런던과 버밍검에서 동시에 행해진 두 개의 교령회에 대해서 노라와 호우너를 혼동하는 약간의 혼란이 있는듯 하지만 나는 그것으로 호노룰루의 에피소우드를 중요시하고 싶다.

　그것은 이것이 첫째, 가족 교령의 참됨을 확증하고 둘째, 의식적인가 무의식적인가를 명확히 밝히고 의식적인 성질의 것을 완전히 제거하며, 셋째 모든 상황이 이 실험에 의해 충분히 신빙성이 있는 것으로 하고 있기 때문이다.

　그러나 이것은 분명히 텔레파시의 가능성을 없애지 못하고 있다. 사실 이것은 텔레파시의 가능성을 암시하고 있다. 수신자와 송신자 양자 사이를 인식하지 못하는 어떤 '사자(使者)'에 의해서 행해진다고 보며, 텔레파시라고 불리는 것의 어떤 다른 한 변종일지도 모른다는 가능성을 이 경우 나타내고 있는 듯하다.

　두 떨어진 장소 사이에 '생각'을 운반해서 연결시키는 일종의 실험과 몹시 비슷하다. 즉 버밍검에는 하나의 테이블을 둘러싸고 수초 동안 '호노룰루'라는 말을 머릿 속에서 생각하고 있는 하나의 그루우프, 그리고 런던에는 같은 시간에 영매와 함께 영매가 한 말을 기록하는 두 사람의 실험자가 있었다. 그리고 그 기록 속에는 '호노룰루'라는 말이 나오는 것이다.

　하지만 텔레파시는 그것이 어떤 종류의 것이든 일반적인 이야기가 아니라 나의 판단처럼 우연한 이치라는 것이 이 경우에서 생각할 수 없다면, 여기에는 통상적인 설명도 존재할 수 없는 것이다.

　음악의 제목을 그것을 말로 표현하기 위하여 이 경우에 삽입한 것은 통신자(레이몬드)이지만 이것은 자연적으로는 일어날 수 없는 일인 것이다. 또 설사 음악의 제목으로 다루었던 그것이, 이 특수한 노래에 대한 언급이어서는 안된다는 이유도 있을 수 없는 것이다.

제Ⅰ부 저승으로 간 사랑하는 아들과의 교신   111

　나에게는 이 에피소우드를 무엇보다 믿고 있는 가장 중대한 사실, 그리고 확증할 만한 가치가 있다고 믿는 것은 때때로 나의 가족 사이에 가정 안에서 행해지고 있는 영매가 없는 단순한 가족 교령의 성질이 가장 참다운 것이라고 생각하고 있다. 왜냐하면 주로 이것에 의해서 레이몬드는 언제까지나 가족의 일원일 수 있기 때문이다.

미스터 잭슨

　우리 집에는 최근까지 미스터 잭슨이라고 가족들이 부르고 있던 홍작(紅雀)이 있었는데, 이것에 관한 레이몬드의 지적은 놀랄만큼 정확했을 뿐만 아니라, 더우기 깜짝 놀란 일은 그가 자신의 사후에 일어난 이 홍작에 관한 변화까지 알고 있는 듯한 일이었다.
　왜냐하면 이 공작새가 극히 최근에 병들어 죽었는데 레이몬드는 그것을 알고 있다고 밖에는 생각할 수 없는 지적을 했던 것이다.

　〈1916년 3월 3일, 레오나르드 부인.〉

　"롯지──너는 우리 집의 새에 관한 일을 기억하고 있는가?
　(페다, 속삭임 소리로──예스, 깡충깡충 뛰죠?)
　롯지──아니요 페다, 큰 새다.
　페다──물론 작은 새는 아니다, 기억하고 있다. 그것이

깡충깡충 뛴다고는 말하지 않았다고 그는 말하고 있다. 그는 언제나 문이 있는 곳으로 왔다. (페다, 속삭임 소리로——레이몬드, 그(롯지)가 하는 말을 알 수 있겠소? 아무도 문 가까이로 안오지 않는가!) 그는 매일같이 그것을 보았었다고 (페다, 속삭임 소리로, 무엇을 하고 있었지, 그 새는? 그는 아무 말도 하지 않고 생각하고 있다. 아니 페다가 틀렸다, 그는 말하고 있다.)

롯지——걱정하지 않아도 돼. 래이몬드가 하는 말이 설사 아무런 뜻이 없더라도 모두 알려 줘요.

페다——그는, 그는 쓰러졌다, 그것은 분명하다. 그는 스스로 상처를 입었다고 말하고 있다. J자를 보이고 있다. 작은 현관, 큰길가가 아니라 샛길에 있는 작은 현관을 그는 보이고 있다. 손과 발이 아픈 모양이다.

롯지——그는 가족의 친구인가?

페다——노우, 노우, 그는 노우라고 말하고 있다. 그는 빙글빙글 돌고 있는 듯한 기분을 페다에게 일으키고 있다.(그는 페다를 놀리고 있는 모양이다)——그는 웃고 있다. 그는 우리 가족 사이에서는 잘 알려져 있지만 가족의 친구는 아니다. 그의 이름이 단 하루라도 가족들의 입에 오르지 않는 날은 없다고 말하고 있다. 그는 농담으로 페다를 놀리고 있는 모양이다.

롯지——레이몬드가 말을 모두 전해 달라.

페다——그(레이몬드)는 그를 대좌(台坐) 위에 올려 놓아라, 아니 가족들이 올려 놓는다고 말하고 있다. 그는 멋지다고 생각되었을 것이다. 그리고 그는 만약 알고 있으면 너무 뜻밖이라고 여기겠지만, 그는 모른다고 말하고 있다. 어쩐지 그가 말하는 것은 어리석게 들린다. 하지만 레이몬드는 그와 새를 함께 범벅으로 하고 있는 듯한 생각이 든다. 레이몬드는 이 이야기, 미스터 잭슨에 관해서 이야기하고 있는 사이에 그러나 새에 관한 일을 사이에 넣고 있으니까. 그리고는 그 이야기를 바꾸므로 '대좌'라고 말하기 전에 레이몬드는 예쁜 새라고 말하고는 말을 중단했다. (역자해설 참조) 그리고 한 가지 질문에 대답할 때, 그 가운데 미스터 잭슨과 새를 혼동하고 있다.

> **역자해설** '예쁜 새 그(그것)를 대좌 위에 올려 놓아라'고 레이몬드는 말하고 있지만 일부러 억양을 바꾸거나, 또는 페다는 잭슨을 사람이라 생각하고 있기 때문에 '예쁜 새가 그(잭슨)를 대좌 위에 올려 놓는다'라는 식으로 페다에게는 들렸던 것이다.

롯지── 바보같군, 그는 피곤한 모양이지.
페다── 그는 이야기를 혼동하지 않고 있다고 주장한다. 혼동하고 있는 주제에! '예쁜 새'에 관해서 말하다가는 미스터 잭슨에 대해서 이야기하기도 한다.
롯지── 대좌가 어떻다구?
페다── '대좌 위에'라 말하고 있다.
롯지── 레이몬드는 그를 대좌 위에 올려 놓고 싶어하는가?
페다── 그는 아무 말도 하지 않는다.

이 미스터 잭슨의 이야기는 깜짝 놀랄 이야기인 것이다. 미스터 잭슨은 홍작의 애칭으로서, 그는 마침내 3~4일 전에 심한 추위로 죽었던 것이다. 하지만 그의 다리는 가끔 신경통에 걸려 있는지 그를 괴롭히고 있었다. 그래서 최근에는

흉작인 미스터 잭슨과 나의 아내

걸으려고 할 때면 흔히 잘 걷지 못하는 다리를 축으로 해서 빙글빙글 돌리기를 했었다.

그는 추운 날 아침, 목이 부러진 채 뜰에서 죽어 있었다. 이상의 미스터 잭슨의 상황과 페다의 묘사는 참으로 하나하나가 꼭 들어맞음을 알 수 있다. 페다는 손과 발에 아픔을 느끼거나 빙글빙글 도는 느낌을 받거나 해서, 레이몬드에게 놀리지 말라고 화를 내고 있는 것이다.

이 교령을 위해서 그날 집을 나설 때, 나는 아내가 미스터 잭슨을 박제로 만들기 위하여 집으로 박제 기술자를 청했었다. 아내는 기술자에게 목재로 된 대좌를 보이고 꽁지털을 건네주고 있었다. 그러므로 레이몬드의 대좌에 관한 지적은 만일 나에게서 텔레파시적으로 그것을 감지(感知)하지 않았다면, 현재 일어나고 있는 것에 대한 기묘한 지각(知覺)인 셈이다. 그리고 또 페다에게 미스터 잭슨의 참다운 상황을 가르쳐 주지 않으면서도 적절한 설명을 나에게 전해 주는 방법——이것이 페다를 난처하게 만들었다——은 실로 레이몬드다운 유우머의 전형인 것이다.
 레이몬드가 외부 사람이나 영매없이 우리 가족이 집안에서 행한 가족 교령──거기서는 가정 내의 고민이 무엇이든지 이야기된다──에서 최근의 정보를 어느 정도 얻고 있다는 것은 있을 법한 일이다. 그러나 그렇다손 치더라도 미스터 잭슨의 죽음과 그것을 박제로 하는 일은 극히 최근의 화제였던 것이다. 내가 레이몬드가 이것을 알고 있다는 사실에 깜짝 놀라지 않을 수 없었던 사실은 당연한 일일 것이다.
 나는 이 에피소우드를 가장 좋은 자료라고 말하고 싶다. 그러나 현재 일어나고 있는 사실에 대한 기묘한 지각에는 놀랄 뿐이며, 이것은 나에게 강한 인상을 주지 않을 수 없었다.

레이몬드의 수색지령

 이미 죽은 사람으로서, 장례식까지 치른 육군대령에 관한 것으로, 영혼의 세계에 가 있는 레이몬드가 '그는 아직 이승에 살아 있다. 그를 찾지 않으면 안 된다'고 수색지령을 내린 일이 있다. 이 대령의 사망 때의 상황(정말로 죽었다면)에는 뭔가 이상한 점이 없지 않았지만, 레이몬드의 지적이 있은 지 반년이 지난 오늘날까지 그후의 새로운 정보는 나오고 있지 않다. 그래서 정말로 레이몬드의 지적이 옳은지 어떤지는 아직 확인되지 않고 있지만 재미있는 이야기를 독자 여러분께 전해 드리기로 한다.
 다만 이 문제에 대해서 레이몬드는 '이윽고 때가 오면 내가 한 말이 옳았다는 것을 세상 사람들도 알게 될 것이다'라고 자신만만하게 강조하고 있었다는 점이다.
〈3월 3일, 나와 레오나르드 부인, 3월 24일, 나와 아내와 레오나르드 부인과의 두번째 교령에서〉

3월 3일의 교령

페다──레이몬드는 K라는 이름을 가진 사람을 찾고 있었다. K라 하지만 캐시가 아니라 그는 남자이다.
롯지──무엇 때문에?
페다──어머니에게 관심이 있으리라고 생각되기 때문에, 하지만 이 이야기에는 어쩐지 이상한 점이 있다. 한 사람은 저승에 있고, 또 한 사람은 이승에 있으니까요. K는 아직 이곳(저승)에 와 있지는 않다.

이야기는 어쩐지 미스터리 같지만 페다는 K가 아직은 이곳에 와 있지 않다고 생각한다. 우리는 이곳에 있으면서 자기가 좋아하는 곳이면 어떤 곳이든 갈 수 있고, 좋아하는 곳을 볼 수 있으리라고 생각하는 사람도 있지만 그것은 헛된 생각이다. 여기서의 영혼은 매우 제한받고 있는 몸이다.
하지만 서로 소식을 교환할 수는 있다. 그러므로 레이몬드는 아직도 분명히 그 남자는 죽지 않았다고 믿고 있다.

롯지──어머니나 세상 사람들도 그 사람은 죽었다고 믿고 있는데…….
페다──그건 그래. 하지만 나는 그가 죽었다고 믿지 않는다. 나도 여기저기 찾아보았으니까. 레이몬드는 J자를 가리키고 있다. 하지만 그것이 무엇을 뜻하는지 페다가 물었으나 대답하지 않는다. 그 사이에 세상 사람들은 크게 놀랄 것이라고 말하고 있다.

롯지――알았어. 그 J·K라는 사람이 아직 이 세상에 살아 있단 말이군.

페다――그는 고개를 끄떡이고 있다. K는 부상을 입고 거의 의식을 잃은 채 신음하고 있는 듯한 느낌이 든다. 하지만 여하튼 시간이 내가 하는 말이 옳다는 것을 증명해 줄 것이다.

롯지――그가 살아 있어서 회복되기를 빌겠다.

페다――나도 그렇다. 사람들에게 이 사실을 알려 주어도 좋지만 결국 사람들에게는 그가 살아서 괴로움을 당하고 있다고 생각하기 보다는 죽었다고 생각하는 것이 편할지도 모르니까. 잠깐, 레이몬드는 페다에게 무언가를 조심스럽게 말하고 있다. 채찍을 발견했고 그것으로 끝날 일이 아니라고 말하고 있다. 이것을 당신(롯지)이 써 두라구요. 세상 사람들은 채찍을 발견했다고 해서 그것으로 끝장을 보아서는 안된다구 하는 말을 말이요.

롯지――사람들이 채찍을 발견했다구?

페다――그래요. 하여간에 그래요.

나는 여기까지 와서 이 이야기가 요 몇 달째 행방불명이 된 어떤 육군대령에 관한 일이라는 사실을 알았다. 하지만 그 장례식――그것은 매우 잊혀지지 않는 것이었지만――은 이미 거행되었고, 그의 아내도 참석했었다.

아내에게 물어서 알게 된 것은(물론 그것을 나는 이 교령 때까지는 아직 모르고 있었지만) 대령의 사망 확인은 누구라고도 할 수 없는 전사자의 손에 쥐어져 있던 승마용 채찍에

붙어 있는 이름의 머릿글자에 의해서 그의 죽음이 확인되었다고 한다.

그리고 사람들은 이것에 아무런 의심도 품지 않았다. 여하튼 의심스런 점은 공식적으로나 사적으로나 표명되지 않았다. 그러므로 그가 독일군의 포로가 되었다면 그 고통에 못 이겨 살아 남지 못했으리라는 전망이 큰데, 페다의 이 지적은 매우 흥미를 불러일으키는 것이다.

그는 쓰러졌을 때 '황제요새(皇帝要塞)'라고 보루 공격의 지휘를 맡고 있다가 부상을 입고 쓰러졌음이 목격되고 있었다.

이 전투에서는 양쪽 모두가 많은 수의 전사자를 냈으며, 밤중에 그의 부하가 찾으러 나갔으나 그는 발견되지 않았다. 그 후 채찍을 가진 '그가' 발견되었던 것이다.

3월 24일의 교령

롯지―― 대령에 관한 일로 그 다음에 무엇을 알아냈는가?

페다―― 그는 역시 영계에는 없다. 레이몬드는 그렇게 생각하고 있다. 그가 누군가에게 들은 바에 의하면 대령이 싸우던 장소에서 시체로 발견되었다. 그리고 군복도 그의 것과 비슷했었다고 한다. 하지만 무슨 일이 여기에(페다는 자기의 머리를 가리킨다) 일어났다고 말하고 있다.

롯지―― 그 이야기를 한 것은 누군가?

페다―― 이쪽 세상의 누구인가 메신저. 하지만 그는 모든 것을 다 알고 있는 것은 아니다. 아니, 메신저는 J·K를 직접 알고 있지는 않다. 그는 인간계의 사람들로부터 정보를 모으고 있었다―― 페다도 확실하게는 모르고 있지만 그래도 몸에서 무엇인가가 없어졌다고 생각한다──사람들이 그것으로 그인가 아닌가를 결정할 수 있을까?

롯지──얼굴 말인가?

페다──그는 그렇지 않다고 말하고 있다.

(아내가 여기서 자기의 가슴을 가리키며, 없어진 것은 인식표가 아니냐고 신호를 보냈다)

롯지──어떻게 없어졌는가?

페다──그것은 시체가 그의 것이 아니었으니까! 레이몬드는 현재 대령이 어디에 있는지 알 수 없다고 한다. 하지만 2~3일 전에 그가 들은 바에 의하면 대령은 어딘가에 체포되어 있다. 그리고 그에 대해 알 수 있는 것이란 그것이 벨기에의 어딘가라는 사실뿐이다. 대령은 그곳에 가기 전에 어딘가 보다 먼 다른 곳에 있었던 것 같다. 레이몬드는 그것을 보여주지 않지만 페다에게 글씨조각 같은 것이 보인다. 처음에는 B자, 다음에 R자. 하지만 B는 벨기에를 뜻하는 것은 아니다. 아니 양쪽 다 B인지 R인지 분명치 않다. 아아 보인다, 이것은 반드시 대령이 있는 장소일 거요. 하지만 레이몬드는 그곳을 모른다. 레이몬드에게 분명히 알 수 있는 것은 대령이 아직 영계에 와 있지 않다는 것뿐이다. 레이몬드는 대령이 병에 걸린 것이 아닌가 하고 말하고 있다.

이 교령은 이야기로서는 참으로 흥미를 끄는 것이지만 조금 전에 말한 것처럼 교령이 있은 지 반 년 후의 지금까지 대령에 대해서는 아무런 새로운 정보도 없고, 대령은 사망한 것으로 보고 이미 장례식도 치르고 난 뒤였다.

하지만 나는 페다가 지적한 이러한 종류에 관한 지금까지의 '실적'으로 보아 대령은 포로의 몸이 되어 있는 것이 아닌가 하는 생각을 가지고 있다.

그리고 페다가 말한 '이 이야기는 약간 이상한 곳이 있어서 한 사람은 이쪽에 있고 또 한 사람은 이곳에 없다'는 말의 뜻은 죽어 있는 한 사람은 대령 본인이라고 세상에서 생각하고 있는 사망한 한 사람의 군인이라는 것은 말할 필요도 없다.

레이몬드의 테스트

레이몬드가 테스트에 '협력하여' 요트·텐트·지도 등 사소한 일에 여러 모로 답한 재미있는 교령은 1916년 3월 3일, 나와 레오나르드 부인과의 교령이었다. 나는 이렇게 말했다.

롯지――좋아요 레이몬드, 이번에는 테스트를 해 봅시다. 마이어즈가 나에게 메시지를 보내와서, "너를 이곳에 통과시키기 위하여 몇 가지 테스트를 준비하고 있다. 롯지는 그 기회를 주라"고 말하고 있었다.

페다――좋아요, 하지만 아고노트 같은 것은 좋지 않다. 그것은 좋지 않아.

이런 전제하에 테스트가 시작되었던 것이다.

페다――그는 페다에게 캠버스의 집같은 것을 보이고 있다. 그래요. 이것은 캠버스의 집임에 틀림없어요. 그리고 그것은 넓은 곳, 널리 열려 있는 곳에 있는 듯이 보인다. 그리고 페다가 보이는 곳에는 푸른 색은 없다. 캠버스의 집 안에는 일종의 문 비슷한 것이 있다. 캠버스의 색은 회색이나 백

색도 아니다. 아아, 페다에게는 그곳에서 별로 멀지 않은 곳에서 물소리가 들린다——똑 똑, 남자, 레이몬드가 아닌 남자가 텐트의 문 앞에 반쯤은 눕고 반쯤 앉아 있다. 코우트는 입지 않고 있으며, 샤쓰 같은 것을 입고 있다. 그리고 그것을 펼치고 있다. 지면은 다색이고 녹색이 아니다. 모래 색의 지면. 지면은 페다가 보고 있는 곳을 뒷쪽으로 가면 높게 불룩해져 있다. 좀더 불룩하면 하늘에 닿을 듯하다. 레이몬드는 이것을 사진이나 그림 속의 광경처럼 페다에게 보이고 있다. 재미있는 모양의 텐트로 둥근 모양이 아니라 어딘가 균형이 잡혀 있지 않은 느낌이다. 도대체 이 텐트는 무엇에 쓰이는 것일까. 문은 보통이 아니라 엉망진창이 되어 있다. 당신(롯지)의 이것을 사진으로 볼 수 있을 것이다.

롯지——그것은 아고노트와 관계가 있는가?

페다——아니다.

롯지——그러면 코니스턴과는?

페다——아니.

롯지——그러면 바닷가인가?

페다——물가라고 그는 말하고 있지만 바다라고는 말하고 있지 않다. 그는 말하고 싶지 않은 모양이오. 그는 물가라고만 말하고 있다. 더운 지방같다.

롯지——그의 형들은 알고 있는가?

페다——그것을 금방 알게 되리라고 하는군. 텐트 속에 몇 인가 움직이고 있는 것이 있는 듯이 페다에게는 느껴진다.

롯지——텐트는 전체가 한 방으로 되어 있는가?

페다——그는 그 말을 하고 있지 않다. 지금 말하려고 한다. 아니, 잠시 생각하고 있다.

그것은 한 방이 아니라 나뉘어져 있는 듯하다구.

사진A 최초의 제1텐트

사진B 위의 천막의 잔해로 만든 제2텐트

제 I 부 저승으로 간 사랑하는 아들과의 교신 123

우라코브의 해안풍경

(두 개의 텐트 사진 참조)

페다——이번에 레이몬드는 페다에게 앞이 뾰죽한 것을 보이고 있다. 요트, 흰 돛이 달린 보우트를 보이고 있다. 다시 텐트로 올라왔다. 불룩하게 솟아 오른 땅이 텐트 뒤에 있다. 땅은 그냥 불룩한 것이 아니라 올라갔다 내려갔다 한다. (사진참조) 지도? 지도라니 무슨 지도? 지도, 지도라고 그는 말하고 있다.

이것은 남자들이 알고 있는 일인 모양이죠. 잘 보라고 그는 말하고 있다. 밖의 것을 보지 않고 지도를 보라, 남자에 한해서. (사진 참조)

롯지——돛이 달린 요트는 어떤가? 물 위를 미끄러지고 있는가?

페다——아니다(페다 속삭임 소리로——아아, 레이몬드). 그는 노우라고 말하고 있다. (페다, 속삭이는 소리로——

샌드 보우트(제1형)

샌드 보우트(제2형)

물 위를 달리고 있기로 정해져 있는데) 그는 땅위의 무엇인가를 페다에게 보이고 있다. 맞았어 육상의 것이야. 그것이 칼처럼 섰다. 역시 물이 아니었군, 하지만 거기에 돛이 달려 있다니, 이건 정말 이상한데 ——.
 롯지 —— 그것은 달리고 있는가?
 페다 —— 그는 그것을 달리게 하고 있다고 말하고 있다. 그는 웃고 있다! "그것은 달리지 못한다"고 말했을 때 그는 그것을 큰소리로 외쳤다. 그는 그 점을 특히 강조했다.
 이 말을 남자들에게 말했다.
 롯지 —— 그들은 그것으로 무엇을 하고 있는가?
 페다 —— 그래요, 그것을 그들은 알고 있다. 그는 그 보우트 같은 것을 계속 보이고 있다.
 —— 요트, 그는 요트라고 말하고 있다.
 (사진 및 설명 참조)

 여기 나온 텐트나 보우트 이야기는 내가 잘 알고 있는 사실로서 매우 정확한 묘사이다. 또 풍경에 관한 것도 그것은 우라코브라고 금방 알 수 있게끔 정확하다. 여기서 우리 가족은 몇 년 동안이나 여름을 보냈다.
 널리 퍼진 모래땅과 그 배후에 높이 올라와 있는 지면 따위도 묘사되었다. 그리고 둑 밑에 있는 텐트, 큰 쪽은 아들들이 만든 것이다. 거기에는 바퀴가 달려 있고 두 개의 문과 두 개의 방이 있으며, 아들과 딸들이 욕실로 각각 사용했었다. 큰 장방형의 텐트로서 자그마한 집이라고 할 수 있는 것이었다.
 어느 날 밤 돌풍이 이 텐트를 모래 언덕 꼭대기까지 날려 보내어 텐트는 부숴지고 말았다. 우리는 아침이 되어서야 그것을 보았다.

 아들들은 부숴진 텐트를 분해하여 그 나머지로 작은 텐트——이때에는 방은 하나밖에 없었고 좌우의 균형이 정확하게 잡히지 않은 것이었다——를 만들었다. 나는 페다의 이야기를 다 듣고 레이몬드가 어떤 텐트를 말하려는지 망설이고 있음을 느꼈었다.

 모래 보우트(샌드 보우트)는 아들들이 마리먼트의 저택에서 만들어 그것을 우라코브로 운반해 온 것이다. 길고 가느다란 폴랫포옴이라고 할까, 판자조각 같은 것에 바퀴와 키, 돛을 단 것이다.

 처음에 작은 돛을 달았을 때에는 이 모래 보우트는 체중이 가벼운 사람이 강풍을 맞을 때 밖에 달리지 못했다. 하지만 두번째의 시이즌에는 아들들이 큰 돛을 달았으므로 상당한 속력으로 달릴 수 있었다. 하지만 돛이 항상 그들이 원하는 각도로 쳐진다고는 할 수 없었다.

 이 모래 보우트는 마지막에는 강풍이 불 때에 세 사람씩이나 타서 돛대를 망가뜨리고 말았다. 그들은 이 보우트를 만드는데 머리를 짜내고 크게 열을 올렸었는데 그 중에서도 가장 열성적이었던 것은 레이몬드였다. 그러나 결국 한 바퀴가 너무 작아서 실패작이었다. 레이몬드가 '달리지 않았다'고 강조한 것은 참으로 정확한 것을 말하고 있다고 볼 수 있다.

 여기에 든 이야기는 모두 교령에 나와 있는 나 자신이 알고 있는 일이었다는 점에서 증거력이 줄어들지만 그 정확성은 여러분들을 놀라게 하지 않을 수 없을 것이다.

친척과의 재회

친한 사람과 사별(死別)한 사람이 영매와 교령을 한다면 그 첫째 목적은 그 사람을 '만나서 이야기 하는' 일일 것이다. 또 이에 관련하여 그 사람 이외의 친족들도 '만나면' 이것도 사람들이 크게 관심을 갖을 것임에 틀림없다.

나는 이 항에서는 그러한 독자의 관심에 응하기 위해서 이 책에서는 약간 어긋나는 것이지만, 나는 가족이나 교령 모임 때에 영매를 통하여 우리들이 민난 친족(고인)일이 어떻게 영매에 의해서 그려졌는가를 영매가 말하는 대로 써 두기로 한다.

레이몬드의 조부 W ─ 나의 부친

조부는 최초의 교령에서 이미 나타나고 있다.

"흰 턱수염을 기른 노신사로서 W자가 그 옆에 보이는 사람이 레이몬드를 보살펴 주고 있다." (9월 24일, 아내와 레오나르드 부인) "나는 한 사람이 아니라 조부 W와 함께 있다" (이튿날). 그리고 자세한 묘사는 좀더 나중에 나타난다.

"턱 주위에 턱수염, 머리에는 양 옆으로 머리카락이 나 있다. 멋진 이마, 눈썹은 짙고 인자하게 보인다. 눈에는 회색이

감돌고 있고 머리카락은 맨 위가 별로 없고 뒤와 양 옆이 회색인 듯이 보인다. 얼굴 모습은 훌륭한 남성상으로서 그는 무엇인가를 높이 쳐들고 있다. 돌아가시기 전에는 병환으로 고통을 당했다(영매는 가슴과 위, 배 근처를 가리킨다). W문자를 쳐들었다"(11월 17일, 라이오넬과 레오나르드 부인). 이 묘사는 사진과 비교해 보면 누구에게나 흥미가 있을 것이다.

조부 W

로라와 윌리엄

그의 형 윌리엄과 누이동생인 로라도 몇 번씩 교령에 등장한다.

〈10월 22일, 나와 아내, 그리고 레오나르드 부인〉

"그(레이몬드)는 젊은 처녀, 영계에서 자란 처녀를 데리고 왔다. 긴 금발에 키가 크고 손에는 백합꽃을 들고 있다. 아주 어릴 때 죽은 또 한 사람의 영도 있다. 당신(아내)은 아마 지금의 그를 모를 것이다. 레이몬드와 같은 또래의 나이이지만 외관이 훨씬 영적으로 보인다. 그는 W자를 가지고 있지만 이 세상의 일은 거의 모른다. 백합꽃이라는 것도 모른다. 너무 어릴 때 죽었기 때문이다. 두 사람은 레이몬드와 함께 있다. 젊을 때 죽으면 영은 젊게 보인다. 그는 레이몬드 보다 나이가 많고 처녀는 젊다."

"레이몬드는 이런 일은 과학적이 아니라고 말하고 있다."

로라의 일은 생존중의 레이몬드의 누이 바이올렛과 함께 나타난 일도 있다.

"당신(아내)에게는 그(레이몬드)의 자매로서 이곳에 있는 사람이 없었나요? 아주 어린 아이, 너무 작아서 당신은 그와 이 아이를 함께 연관시켜서 생각할 수가 없다. 그의 위 아래로는 한 사람씩의 자매, 하나는 어둠 속, 하나는 빛 속에 있다"(9월 27일, 아내와 피이터스씨).

여기서 말하는 작은 아이란 로라를 뜻하는데 그녀는 태어난 지 수분 뒤에 죽었다. 그 위의 누이는 바이올렛을 가리키는데, 아직 생존중이므로 어둠 속에 있는 사람이란 그녀를 가리키고, 빛속이란 로라를 가리키는 것이리라.

"그녀는 당신(라이오넬)과 관계가 있다. 그녀는 영계에서 자랐다. 아아, 그녀는 당신의 누이동생이다. 그녀에게는 이곳에 레이몬드 이외에도 오빠가 있다. 그녀는 그 오빠의 이름을 나타내려 하고 있지만 좀더 재미있는 방법으로 나타내려 하고 있다. 마치 글씨로 쓰는 것 같다――그래, 그녀는 N이라고 썼다. 하지만 곧 W자로 바꾸었다. 그녀는 백합꽃을 들고 노래를 부르고 있다."(11월 17일, 라이오넬과 레오나르드 부인).

"윌리엄과 릴리(로라에 대해서 페다는 항상 이렇게 부르고 있다. 로라가 백합〈릴리〉을 가지고 있기 때문일까?)가 와서 레이몬드와 함께 할 것이다. 릴리는 가버렸다. 하지만 즉각 레이몬드가 있는 곳으로 돌아왔다."(11월 26일, 아내와 레오나르드 부인).

이밖의 친족으로는 레이몬드가 죽은 직후의 교령(9월 24일, 아내와 레오나르드 부인)에서 "조부 W와 함께 레이몬드를 보살펴 주고 있는 노부인으로서" 아내의 어머니같은 노부인이 등장하고 있다.

> **역자해설** 영매가 고인을 그려내는 능력은 이처럼 실로 신비적이지만 생존중의 사람은 잘 모르는지, 또는 교령회 출석자가 별로 관심을 갖지 않기 때문인지 이 책에도 별로 나오지 않는다. 아마도 잘 모르기 때문이리라. 다른 항의 예의 페다처럼「레이몬드는 이 사람들(소넨션 박사 부처의 일)에 관한 일을 페다에게 가르쳐 주지 않고 있다」는 따위의 말이 튀어나오는 모양이다.

확인되지 않는 이야기

영매나 그 지배령을 통한 저승의 정보에는 내가 이 책 속에서 소개한 몇 가지 예를 든 것처럼 확인되는 것이 많음과 동시에, 전혀 확증되지 않을 뿐만 아니라 그 가능성조차 정보의 성질상 전혀 파악할 수 없는 것이 적지 않다.

이와 같은 종류의 것은 이제까지 대개의 책에서 생략되어 왔다. 하지만 나는 이 책에서는 그러한 의식적인 선택은 하지 않고, 있는 그대로 전하기로 했다.

그 이유는 이런 종류의 정보──특히 저승의 사물에 관한 것──가운데에는 어처구니 없는 것이 있는 것은 사실이지만, 이것을 의도적으로 제외시킨다는 것은 독자에게 교령의 실제를 사실의 있는 그대로를 전할 수 없게 되고, 극도의 간략화는 이들 기록을 가지고 있는 인간적 관심의 상상력을 나타내는 것도 불가능하게 만들어 버리기 때문이다.

그리고 또한 이같은 종류의 정보 속에는 단지 확증할 수 없다는 사실만으로 제외시키에는 너무 아까운 것도 적지 않다.

이같은 불합리한 이야기를 전할 때, 영매나 지배령들은 대개가 마치 한가한 태도로 이야기하는 것이 보통이지만, 영매들은 많이 접촉하는 교령 상대나 이런 종류의 정보를 마치 완벽한 저승의 실제인 듯이 쓴 책 등에 의해서 그것은 진실된 것, 자신이 분명히 겪은 정보처럼 트랜스 상태 속에서 이야기하는 경우도 생각할 수 있다.

저승의 일에 관한 정보는 그 이야기 자체만으로 사람으로 하여금 공감이 가게 하는 합리성이 있다. 그러므로 단지 이승의 것과 관련시켜 그 진부(眞否)를 논의하거나 판단하는 것은 잘못이다.

낯선 나라의 나그네의 이야기를 확인하는 태도로 검증하면 된다는 프랑스의 철학자이며, 영매가인 베르그송의 설에 나는 전적으로는 동조하는 것은 아니지만 그의 이야기에는 우리가 귀담아 들어야 할 큰 의미가 있음을 인정치 않을 수 없다. 따라서 여기에서는 확증이 되지 않는 이야기 중에 특히 재미있는 것을 추려서 그대로 소개해 보기로 했다.

담배를 피우는 영

〈12월 3일 나와 레오나르드 부인의 교령에서〉

롯지——그(레이몬드)는 자기 집이나 옷, 몸에 관한 이야기를 하고 싶어하는가?

페다——그는 당신에게 그 이야기를 매우 하고 싶어한다. 자기의 몸은 옛날의 몸과 마찬가지여서 사실여부를 확인해

보았다. 하지만 인간의 몸일 때처럼 상처는 없었다. 내 장도 옛날처럼 배치되어 있지는 않은듯 하다고 그는 말하고 있다. 그는 팔 한 짝이 떨어져 나간 사람을 본 일이 있지만, 영계에 들어온 후, 없었던 그의 팔도 수년 후에는 새로 생겨나고 있었다. 인간의 몸은 산산히 찢기고 부서지는 일이 있지만 영체(靈體)는 조금 지나면 전처럼 다시 '모인다'고 말하고 있다.

롯지——화장을 하면 어떻게 되지요?

페다——사고로 몸이 태워졌을 때에도 이쪽 측의 사람이 그것을 알고 있으면 영을 이탈시킨다. 그것은 우리가 영의 의사라고 부르는 자가 해낸다. 하지만 일부러 하는 화장, 특히 서둘러 행하는 것은 곤란하다. 그것은 우리를 몹시 난처하게 만든다. 인간은 그 사실을 모르지만 어쨌든 며칠 동안은 화장을 해서는 안된다고 말하고 있다.

롯지——하지만 몸이 썩으면 어떻게 하지?

페다——그 때에는 이미 영은 몸 밖에 나와 있다. '죽어서 하늘에 오른다'는 말은 영이 준비를 끝내고 밖에 나와 있다는 것이라고 그는 말하고 있다….

역자해설 원저에서는 이런 이야기가 한없이 계속되고 있다. 그러나 롯지는,

"나는 이것은 페다가 이런 종류의 책을 읽는 사람들과 많이 접촉했기 때문이라고 생각한다. 하지만 페다의 이야기에 증거가 될만한 것이 많은 이상 나에게는 이 이야기도 멋대로 선택하고 가려낼 자격이 우리에게 있다고는 생각지 않는다. 게다가 무엇보다도 나는 이런 일에 대해서는 아무 것도 모르기 때문에…"

라고 극히 겸손한 주석을 붙이고 있다.

롯지—— 남자와 여자에 관해서는?
페다—— 여기에도 남자와 여자의 구별은 있다. 게다가 양자 사이에는 애정이라는 것이 있는데, 이승과는 다른 성질의 것이다. 여기서는 어린애는 태어나지 않는다. 그는 스스로는 아무 것도 먹고 싶지 않지만, 먹고 있는 사람도 있어서 그들은 이승에 있는 음식처럼 생긴 것을 지급받고 있다. 저승에서도 필요한 것은 만들려 하고 있다. 얼마 전에는 담배가 피우고 싶다는 자가 있었다. 아마 거의 없겠지 하는 식으로 그는 말하고 있다. 하지만 여기에도 공장이라는 게 있어서 무엇이든지 만든다. 단지 재료는 고체의 물질이 아니라 에테르라든가, 기체 따위이다. 그러므로 지상의 것과는 같지 않으나 담배처럼 보이는 것도 만들 수 있는 것이다. 별로 원하지도 않으면서 담배에 달라붙는 자들도 있다. 하지만 이승의 담배처럼 맛은 없는 모양이다. 그래서 차차 끊어 버리게 된다고 말하고 있다.

나는 인도의 요가 행자(行者)이다

〈10월 29일, 롯지와 피이터스씨와의 교령에서〉
이 교령 때에 먼저, 〈퍼어너스의 메시지Ⅱ〉에서 소개한 마이어즈에 관한 것이 이야기되었는데, 교령이 끝날 무렵이 되었을 때 피이터스씨의 배후령인 '월석(月石)'의 이야기는 약간 혼란해져서 나에게는 관계가 없는 사람들의 이야기가 나오거나 했다. 나는 이 부분에 대해서는 타인의 문제이므로 삭제했지만 교령이 끝날 무렵에 '월석'은 자기 자신에 대해서 말하기 시작했다.

월석—— 당신의 마음은 비탄에 젖어 있는가?

롯지—— 잘 모르겠다.

월석—— 당신의 마음은 피를 뿜고 있다. 당신은 스스로 그렇게 깊이 남을 사랑할 수 있다는 사실을 여지껏 모르고 있었다. 세상에는 많든 적든 비탄이라는 것이 있게 마련이다. 당신은 설사 십자가에 못박히는 한이 있더라도 당신은 보다 강하고, 보다 위대하고, 보다 선량한 인간으로서 일어날 것이다. 하지만 이 비탄이나 십자가로부터 어떻게 인간을 구해 낸단 말인가? 이것은 매우 중요한 일인 것이다. 예언되고 있다. 인간은 괴로워하고 비탄에 젖음으로써 스스로를 구할 수 있는 것이다. 고통을 통해서 말이다. 나 자신의 일을 조금 이야기하자. 나는 요가 행자였다—— 알겠는가?

롯지—— 안다. 일종의 은자(隱者)란 말이지?

월석—— 나는 내멋대로의 생애를 보냈다. 선량한 생애이긴 했지만 내멋대로 생애였다. 하지만 그것을 그 당시에는 느끼지 못했었다. 나는 사람들과 떨어져 생활하고, 사람들과 사귀지도 않았었다가, 나는 정적인 생활이라는 것조차 몰랐었다. 나는 내가 죽은 후 그것이 소극적인 선량한 것에 지나지 않았음을 알고, 남을 위해서 도움이 되려고 했었다. 내가 그런 일을 하지 못했기 때문이다. 나는 가족을 위해서 괴로움을 당하는 일도 하지 않았다.

그것은 무익한 생애였던 것이다. 그러므로 나는 이 영매가 있는 곳으로 돌아와 그를 통하여 세계의 슬픔에 견디어내기로 했던 것이다. 괴로움을 견디어 내고 비탄에 젖는 일을 통해서만 인간을 구원할 수가 있다. 당신의 위대한 종교 중에서도 이것은 큰 사업이다—— 내가 하는 말을 알겠지—— 예수의 희생이다. 그는 이것을 설파했을 뿐만이 아니라 그것을 실행하기 위해서 희생되고, 죽음을 맛보지 않으면 안되었었다. 그래 높은……을 설파하는 자는 누구나 같은 길을 걷지 않으면 안된다——십자가에 못박히는 일을 면할 길은 없는 것이다. 그것은 언젠가는 반드시 찾아오고야 마는 것이다. 당신은 과거를 되돌아 보지 않으면 안된다.

선한 것이 당신의 마음에 찾아왔을 때 당신은 심령세계가 있다는 것, 되살아 날 가능성이 있다는 것을 어떻게 체험했는가를 당신은 주의깊게 이야기할 것이다. 하지만 아마도 당신은 신에게 하는 기도 중에서 이렇게 말할 것임에 틀림없다 ——"저에게 괴로움을 주어 십자가가 있음을 가르쳐 주십시오. 그러면 우리 인간을 구할 수 있을 것입니다."라고.

그리고 당신이 또 보이지 않는 세계와 맹세할 때, 그 맹세는 이루어지리라. 당신은 이 사실을 아무에게도 말하지 않는다. 그러나 이것은 당신과 당신의 아들에게 맡겨진 역할인 것이다. 그곳에서 다른 사람에게 주는 큰 기쁨과 행복이 샘솟아나올 것이다.

제 I 의 보유(補遺) 〈역자〉

이 책의 원리는 실은 그대로 전부를 번역해서 소개하면 이 번역서의 크기로는 1천 페이지가 넘는 큰 책이 될 것이다. 그래서 이 제 I 부에서 소개한 것은 골격을 이루고 있는 큰 사실뿐으로서 달리 자세있고 매우 재미있게 할애하지 않을 수 없는 부분도 많았다. 그러나 그 가운데에서도 도저히 삭제하기 아까운 곳만을 간결하게 추려 '제 I 부 보유'로 소개하고자 한다.

원저에는 없는——물론 있을 리가 없는——역자의 설명도 조금은 부가하면서 소개하기로 하겠다.

어머니 한숨을 쉬지 마십시오!

레이몬드는 초기의 교령에서는 몇 번인가 "어머니 한숨을 쉬지 마십시오!"라고 거듭 말했다. 저자인 부친은 관록이 있는 분이어서 그런지 적어도 교령 기록으로 보는 한은 그러한 마음 약한 면을 엿보이고 있지 않지만, 레이몬드가 죽은 지 얼마 안되는 때의 교령회에서 그의 모친은 사후의 레이몬드와 이야기를 나누면서 몇번씩 한숨을 쉰다.

이때 영매는 죽은 것과 마찬가지인 무의식상태(트랜스)이며, 눈을 감고 마치 '숨을 쉬면서 죽은 사람'이 되어 있으므로 영매에게 그것이 보일 리가 없지만(단지 우리의 상식에서이지만) 레이몬드는 이것을 금방 알 수 있었던 모양이다.

그리고 그때마다 그는 "한숨을 쉬지 마십시오, 어머니. 그런 모습을 보면 저는 참을 수 없습니다"라고 말하는 것이었다.

스피리트 교육

재미있는 이야기 중의 하나가 이것이다. 아무래도 이 책에서 보는 한[보통은 영을 말하는 것이지만 이 책의 저자는 그것을 생명의 하나의 형태, 즉 보통 사람이 영이라는 말로 생각하는 것과는 다른 것으로 취급하고 있으므로 일부러 원어(原語)대로 썼다. 이 점은 매우 중요하므로 주의해 주기 바란다── 제Ⅱ부 참조]에 있어서도 '교육'이라는 것은 매우 중요한 것인 듯하다.

더구나 그 교육은 현세에 있어서의 교육이 효과를 갖는 것과 마찬가지로 저승에도 교육이라는 것이 있어서 그것이 매우 효과적인 듯하다.

교육이 그렇게 효과가 있다는 것은 어떤 나라의 열성적인 학부모를 기쁘게 해 주는 이야기이지만, 영국의 롯지 부인이 어떻게 생각하고 있는가는 적어도 교령의 기록으로는 알 수 없으므로 유감스럽다. 그러면 본론으로 돌아가 보자.

(1) 마이어즈의 교육

레이몬드가 죽기 전에 영계에서 통신을 보내온 마이어즈가 "내가 보살펴 주겠다"고 한 것이 하나의 교육이었음은 나중의 교령 기록 속에 나오는 통신에 의해서 분명해졌다. 초기의 교령에서는 레이몬드는 열심히, "나도 조금만 있으면 좀더 잘할 수 있게 될 겁니다(이승과의 통신이)"라든가, "오늘은 어쩐지 컨디션이 좋지 않아서…." 따위로 말하고 있다. 그리고 이때에는 통신중의 레이몬드의 뒤에는 마이어즈가 마치 연극에서의 연출자처럼 따라붙어서 여러 가지를 가르쳐 주고 있음을 알 수 있다. 그리고 때로는 마이어즈 자신이 레이몬드의 설명이 부족한 부분을 보충하기 위해서 통신을 보내오는 것이다.

더구나 롯지 자신이 영계에서의 마이어즈의 '특훈(特訓)'에 관해서 교차통신(交叉通信)을 통해 다음과 같이 말하고 있다.

"레이몬드가 교차통신 같은 것을 이승에 있을 때에 알았으리라고는 생각되지 않으므로 레이몬드가 교차통신의 아이디어를 내가 제안했을 때 즉시 반응해 온 것은 마이어즈가 저승에서 가르쳐 주었기 때문일 것이다."

마이어즈는 앞에서도 언급한 바와 같이 생전에 심령조사협회 회장을 역임한 사람인 것이다. 이처럼 교육열이 대단한 것을 보면 아마도 저승에서는 인간조사협회 회장직을 맡고 있을지도 모른다.

(2) 머리가 좋은 사람은 빨리 깨우친다

"그는 다른 영과는 다르게 매우 잘하고 있다. 아마 곧 혼자서도 통신할 수 있게 될 것이다"

이것도 역시 초기에 케네디 부인의 죽은 아들 파울이 부인의 자동기술을 통하여 배달해 온 저승으로부터의 특별전보(?)이다. 더구나 이 전보의 전후의 문구로 판단하건데 파울이 머리가 좋은 사람은 빨리 익힌다는 뜻으로 말하고 있음을 곧 알 수 있다.

머리가 좋은 사람이 이로운 것은 저승에서도 매한가지인 듯 하므로 역자같은 사람은 저승에 가더라도 남의 뒤만 따라 다니며 살아야 할 것을 생각하면 한심하기만 하다.

(3) 이승의 교육도 중요하다

레이몬드와 필자가 몇번씩 과학적 증명에 대해서 의견을 나누는 장면이 나온다. 그리고 필자가 저승의 레이몬드의 입장으로부터의 의견을 묻자 레이몬드가,

"그것은 증명력이 약하다. 이렇게 하는 것이 좋다."

따위로 의견을 말하니까 매우 재미있다. 저자는 물론 과학자이고 레이몬드도 그 분야로 나아갈 예정으로 교육을 받고 있었다.

이 대화를 듣고 보면 그 가운데는 매우 고도의 논의(論議)가 나오거나 해서 레이몬드가 생전에 받고 있던 과학적인 훈련의 효과를 뚜렷하게 알 수 있다. 이승의 교육은 저승에 가서도 역시 중요한 모양이다. 치맛바람 만세!

성격적인 특징

저자가 인격이 남아 있음을(죽은 사람의) 증명하는 증거 속에서 대단히 큰 비중을 두고 있는 것은 사후의 인격이 생전의 특징을 나타내는 태도나 말씨를 나타내는 일이다.

레이몬드다운 장난기 있는 유우머는 이 책 속에서 여러 번 나오는데 그것은 이미 소개한 바와 같다.

여기서는 두 가지 정도 예를 들어 보겠다.

(1) good-bye, and good-luck

good-bye, and good luck(안녕, 행운을 빈다)—이 말씨를 저자는 레이몬드의 특수한 말씨로 들고 있다.

교령 기록에서도 분명히 그 가운데 등장하는 영은 레이몬드 이외에도 파울, 마이어즈 등 몇 사람이 있는데 이야기가 끝날 때 이 말이 나오는 것은 레이몬드가 등장했을 때 뿐이다.

그리고 레이몬드는 이 말을 good-bye 김철수 and good luck 식으로 good-bye 뒤에 상대방의 이름을 넣은 다음에 거기에서 일단 말의 간격을 두고 뒤에 이어서 사용하는 것이 생전의 버릇이었는데 저승에서 오는 통신에서도 그렇게 하고 있었다.

(2) 피곤하시죠? 영매

이것은 레이몬드가 아니라 마이어즈이지만 앞뒤의 이야기도 재미있으므로 좀 길게 인용하기로 하자.

케네디 부인의 자동기술로 레이몬드와 파울이 나왔다. 그 도중에 파울이 말했다.

——그(레이몬드)는 누군가를 데리고 갔다.

(그리고 잠시 사이를 두고 케네디 부인이 레이몬드가 돌아왔음을 전한다.)

레이몬드——나는 마이어즈씨를 데리고 왔다. 그는 이 방법(자동기술을 말함)에서는 별로 통신을 하지 않지만 이야기하고 싶은 것이 있는 모양이다. 그는 "마음놓고 천천히 해라. 우리들은 염두에 두지 않아도 좋다. 그것을 롯지에게 전해 달라"고 말하고 있다. 그는 가 버렸다. (케네디 부인에게)

조금 전에 말한 것을 아버님에게 전해다오.
 (롯지──입속으로 '무슨 뜻일까' 하고 중얼거린다. 또 케네디 부인도 "분명하게는 알 수 없다"고 말한다).
 롯지──마이어즈는 정말 가 버렸는가?
 마이어즈──나는 다시 한번 말해 두겠다. 만일 당신(케네디 부인)이 조용히 있어만 준다면. 생각하는 것을 중지하라. 그렇지 않으면 당신(케네디 부인)은 소용이 없게 된다. 롯지에게 전해다오. 그의 아들은 반은 내것이 되어 있지만 그 일을 좀처럼 설명하기 어렵다. 나는 여기서는 귀여운 아들을 하나 가지고 있는 기분이다. 하지만 그 아들은 롯지가 나에게 빌려준 것임을 나는 알고 있지만, 당신(케네디 부인)을 별로 쓰지 않아서 미안하다. 하지만 나는 당신을 귀찮게 해주고 싶지 않다.
 케네디 부인──당신의 메시지를 받으면 내가 피로해진다는 뜻?
 마이어즈──그렇소.

 마이어즈가 영매에게 "너무 생각하지 말라"고 말하는 것은 매우 마이어즈답다. 게다가 직업적인 영매가 아닌 케네디 부인의 일을 걱정하는 방식이 마이어즈의 생전의 모습 그대로라는 것이다.
 확실히 영매 자신이 생각하거나 하면 깊은 트랜스 상태로는 들어갈 수 없고, 교신하는 데도 매우 형편이 나쁜데, 이런 일을 알고 있다는 것은 심령조사협회 회장이었던 마이어즈 씨다운 일일 것이다.
 더구나 이 마이어즈는 많은 영매를 통해서 롯지 이외의 사람에게도 매우 많은 교신을 보내고 있어서, 이 세계의 연구가 사이에서는 화제가 되고 있는 일이다. 그리고 그 성격적인 특징을 나타내는 이야기도 많다.

교령 방법으로 주문(注文)

누구나 이야기할 때 기분이 좋으면 이야기하기가 쉽다. 또한 남을 통해서 이야기를 전해 받는 것은 번거롭고 자신의 이야기가 정확하게 전달될까 하고 불안해 할 경우도 있다.

영(靈)의 경우에도 마찬가지여서 그런 점이 엿보이는 이야기가 교령 속에 가끔 나타난다. 보통의 교령으로 롯지에 의하면 영──▶배후령 및 영매──▶수신자로, 간접적인 경로를 거쳐서 이야기가 전달되지만, 테이블 시팅이나 자동기술에서는 스피리트(영)──▶영매──▶수신자의 형식이 된다(자세한 것은 제Ⅱ부 참조) 또 저자의 집에서 행하여진 가정 교령(테이블 교령)에서는 이것은 보다 지배적이어서 테이블을 사용하는 것은 틀림없지만, 레이몬드──▶가족이 된다.

'테이블 교령 때에는 모친의 얼굴이 보이지만 영매가 있는 보통 교령에서는 보이지 않는다. 그때는 모친을 느낀다'라는 재미있는 대화는 이미 소개한 바와 같지만, 레이몬드가 가끔 교령 방법에 관해서 주문을 하는 장면은 이 밖에도 여러 번 나온다.

몇 가지를 들어 보면,

월석──그는 런던의 다른 곳에서 얼마 전에 당신을 분명히 보았다. 그는 어떻게 그런 일이 가능했는지는 잘 몰랐으나 분명히 보긴 보았다. 그는 그러는 동안에 쉽게 좀더 와서 이야기하게 될 것이라고 말하고 있다.

롯지 부인──목소리로 말하나요?(영매와 보통의 교령으

로라는 뜻)

　월석——아니, 테이블 교령이라고 말하고 있다. 이야기하는 것(즉 보통의 교령)보다도 더 중요한 것은 직접 가족에게 '알리는' 일이다. 그렇게 하면 완벽한 증거를 제공할 수 있다고 말하고 있다.

　즉 '월석'의 이 교령에서는 그는 모친을 볼 수는 없지만 배후령이 없는 케네디 부인의 자동기술에서는 보였다고 한다. 또한 나중의 것은 좀더 지배적인 가족 교령의 경우인 것이다. 롯지에 의하면 영이라 하더라도 영매나 배후령이라는 쓸데없는 것이 있으면 진짜 개인적인 것을 잘 이야기하지 않는 경향이 있다고 한다. 가정 교령일 때 좀더 완벽한 증거를 보일 수 있다는 뜻은 바로 그것인 것이다. 또 레오나르드 부인과 그의 형인 라이오넬과의 교령의 통신방법에 대해서,

　라이오넬——영응반(靈應盤)*? 영응반이 좋은가?

　페다——아니, 그것은 싫다. 테이블이 좋다고 레이몬드는 말하고 있다.

　라는 장면이 있고, 이어서 라이오넬이 우리가 너에게 통신으로 할 수 있는가 하고 물은 것에 대해서는,

　한 사람에게만 이야기하도록 해 다오. 너무 다른 음성으로 말하면 혼란을 일으켜서 질문과 다른 답이 뒤죽박죽이 되어 버린다"

　재미있는 것은 예의 NORMAN이라는 것이 나온 교령이 있은 지 약 1개월후에 그의 형인 알레크가 행한 교령이다.

　앞의 교령에서 롯지가 제멋대로 해석하여, 이것은 틀릴 것

---

*영응반——알파벳으로 쓰여 있으며, 거기에 있는 프랑셰트에 의해서 통신이 나오는 도구.

이고, 이럴 것이다 하는 식으로 레이몬드에 재촉하여 결국 이것이 제멋대로의 해석이었음이 나중에 알게 된다.

이것은 이미 앞에서 소개해 두었다. 그리고 이것과 꼭 맞는 이야기가 알레크 때에 나온다. 또 이때에 회의적이었던 알레크는 모두 자기가 기대하고 있는 회답만을 끌어내는 것이 아닌가 하고 묻자 레이몬드는 이렇게 대답하고 있다.

"답은 내가 맨 처음에 시작하겠다. 하지만 모두가 옆으로 비켜버리고 만다…… 이것은 곤란한데"

레이몬드는 매우 불만스러운 모양인데 앞에서 언급한 롯지의 실수와 참으로 잘 어울리기 때문에 재미있는 것이다. 이 롯지의 실수는 실로 '곡해(曲解)했기' 때문에 일어났으므로.

LILY LORA와 꽃과 연출가 페다

페다가 가끔 사소한 일을 약간 그녀의 스타일로 각색해서 전하는 버릇이 있다는 것은 이미 설명했으며, 그것에 대해서 저자가 "그것은 그녀의 소녀다운 개성적인 성격이 행하는 각색이다."라고 말하고 있는 점도 언급했다. 이 페다는 레이몬드의 죽은 여동생 LORA를 반드시 LILY라 부르고 있다.

머릿글자가 같은 L이기 때문이겠지만 LILY는 백합꽃이며 흔히 여자 아이의 이름으로 쓰이는 것은 메리나 마아가렛과 마찬가지여서 LORA보다 귀여울 뿐만 아니라 듣기에도 좋다. 그래서 그녀는 소녀 취미를 발휘해서 LILY라고 부르는 것이겠지만 가장 중요한 이유는 "LORA가 백합꽃을 항상 가지고 있기 때문인 듯하다. 페다는 LILY는 항상 꽃을 지니고 있는 매력적인 아가씨이다" 따위로 말하고 있다.

그건 그렇다 치고 백합꽃과 함께 이 책 안의 교령 기록을 통해서 나오는 꽃을 소개해 두겠다.

그것은 빨간 장미꽃인 듯하다. "……인듯 하다"고 말하는 것은 페다가 전해 줄뿐 롯지에게는 그것이 보이지 않았기 때문이다. 롯지의 동료인 소넨션 박사가 죽은 아들의 일로 페다(레오나르드 부인)와 시팅을 했을 때 레이몬드는 빨간 장미꽃을 박사 부처를 위해서 가지고 왔다고 페다는 말하고 있다.

영계의 꽃이나 장미꽃이 어떤 것인가는 페다가 아닌 사람에게는 보일 리가 없지만, 애석하게도 이것이 물질화 현상에 의해서 물질화 되지 않았다는 점이다. 그러나 페다 자신이 "소넨션 박사를 위해서 가지고 온 장미꽃은 물질화 되지 않았다"고 말하고 있으므로 할 수 없는 일이다. 물질화 하면 그것이 심령사진 따위에 있는 배후령이나 유령이 빙의된 사진처럼 저자에게도 보였을 텐데 약간 애석하다.

꽃이 나오는 것은 이 두 군데 뿐인데 아마 이 책 속에 나오는 영이 레이몬드를 비롯하여 LILY 이외에는 남성 영뿐이기 때문인지도 모른다. 이 책의 교령 기록 전체를 통하여 약간 화사한 분위기가 나오는 것은 LILY가 나오는 곳과 장미꽃이 나오는 곳 뿐이다.

이름과 머릿글자와 부르는 법

W가 보인다, G자를 보이고 있다……이런 말이 곳곳에 나온 것은 독자들에게 이상하게 생각될 것이다. 그리고 이것은 대개가 사람 이름의 머릿글자이며, 때로는 사람 이름 이외에는 지명의 이름과 같은 고유명사였다.

그 뒤에는 머릿글자가 호칭으로 변하여 사람의 이름이 전부 나오는 것은 어느 영매나 공통되어 있었다. 이에 대해서는 저자가 재미있는 의견을 말하고 있으므로 소개해 두겠다.

"이름은 영매나 배후령을 통한 보통 교령에서는 어떤 곤란을 지니고 있지 않으면 전달되지 않는다. 그것은 반드시 이들은 그 자체가 보다 편리할 뿐 아니라 뜻이 없는 문자의 나열이므로 기억해 내기가 어려운 모양이다. 이름이라는 것은 기억해 내려고 하면 그렇게 하는 노력 그 자체가 기억해 내는 능력을 버리므로 이름을 기억해 내는 가장 쉬운 방법을 기억해 내려고 하지 말 것, 즉 잠재의식의 작용에 맡기고 의식적으로는 기억해 내려고 애쓰지 말아야 한다. 이것은 우리들 누구나가 항상 경험하고 있는 일이다. 그러나 기억해 내지 못한 이름이 어떤 기회에 문득 머리에 떠올라 그 후로는 잊혀지지 않게 되는 경우도 있다. 즉 그 이름이 기억에서 완전히 사라지지 않았음이 확실하다. 이 일은 이름은 의식적으로 우리가 기억해 내려고 노력할 때에 사용되는 뇌의 일부분과는 다른 부분을 사용하지 않으면 기억나지 않는 것인지도 모른다. 영매나 배후령에 관해서도 이와 비슷한 일이 일어나는 것이 아닐까. 그들이 이름을 전할 때에는 반드시 통신자인 영의 머리에 이름이 들어가 있다. 그러나 이것을 일단 수신(受信)하는 우리에게 전달하는 영매나 배후령은 영이 나타낸 이름을 그때에 즉시 기억해 내나, 다시 기어해 내는 일이 곤란하여 기억하기 쉬운 머릿글자만을 처음에는 전하는 것이 아닐까. 이름은 기억해 내지 못하더라도 머릿글자만은 기억하는 것은 우리의 경험으로 잘 납득되는 터이므로……."

영매나 배후령을 경유한 통신 제도의 분석으로서, 이것은 그 유례가 없는 자세한 것이어서 역자는 여기까지 분석한 예를 알지 못한다. 물리학자인 동시에 전기통신 분야에서 큰 업적을 올린 바 있는 롯지다운 의견이다. 그리고 전기통신과 이웃한 분야에서 큰 발명을 이룩한 발명가 에디슨도 영계통신기라는 것을 열심히 고안하고 있었다고 한다. 완성되었더라면 그것은 아마도 큰 주판에 지나지 않는 전자계산기같이 조잡한 것이 아니라 극히 정밀한 것이 되어 있었으리라.

또 하나는 다음과 같은 에피소우드이다. 저자는 다음의 예를 들고 있다.

"내가 이 책에서 소개하고 있는 것 같은 가족과 관계가 있는 예 중에는 조직적이고 뚜렷한 증거가 된다기보다도 가끔 나오는 작은 사항들이 흥미도 있고 증거력도 강할 경우가 많다. 작은 에피소우드의 예를 소개해 보자.

예를 들면 폴은 자기의 부친을 '아빠(daddy)'라 부르고 모친을 '엄마(mammy)'라는 애칭으로 부르고 있었다. 레이몬드는 이에 대해서 생전에 알고 있던 보통의 호칭 '아버지(father)' '어머니(mother)'를 써서 교신해 왔다.

또한 레이몬드와 관계가 있는 몇 사람이 영매를 통하여 교신한 통신 속에 나타난 랄프라는 젊은이 ── 이 청년도 제1차 세계대전때 전사했다 ── 또한 그 부친이 겨우 설득되어 교령을 했을 때에 보통과는 다른 호칭 'ullo Elb'를 테이블 교령회를 통하여 써내서 부친에게 인사했던 것이다. 이것은 영매를 매우 놀라게 했는데, 그만한 까닭이 있고 증거력을 가지고 있다고 할 수 있을 것이다. 랄프의 교신의 능숙함과 자유스런 교신은 깜짝 놀랄 정도여서 나도 이것을 추가 사항으로 이 책에 게재하기 위해 양친의 허락을 받았던 것이다."

배후령과 환상의 소녀와 악마와 초능력자

영매와 배후령, 이 2인조는 이심동체가 되어 초상통신(超常通信)의 길 안내를 해 주는 2인조인 것이다.

배후령이 어떤 것인가에 대해서는 제Ⅱ부에서 설명되고 있지만, 여기서는 배후령과는 약간 다른 존재로 흥미있을 만한 이야기를 소개해 주겠다. 저자는 이런 일은 쓰지 않았으므로 이 부분은 실수인 것이다.

제Ⅱ부의 배후령론(論)에의 길 안내로 참고가 될지도 모른다는 생각으로 여기에 삽입시켰다.

(1) 환상의 소녀는 배후령의 변종인가?

19세기가 끝날 무렵 미국의 크리스틴 비첨이라는 온 세상의 화제의 대상이 되어 심리학자, 심령학자 사이에 논쟁의 불씨가 되어 아직까지도 화제로 남아 있다. 이 소녀 가운데 분명히 성격이 다른 '별개'의 두 소녀가 눈떴기 때문이었다. 그리고 그 중의 하나는 육체는 크리스틴과 공유(共有)하고 있으나 다른 인간이며 이름은 사라라고 하여 사람들을 놀라게 했으며, 또 성격적으로도 분명히 다른 사람이었다.

그리고 이 호적상의 인간 크리스틴이 가지고 있는 육체는 때에 따라서는 각각 세 사람의 인격에 '소유' 당하여 사리일 때에는 사리의. 크리스틴일 때에는 크리스틴의 성격을 가지고 행동했으므로 크리스틴은 일단 '다른 처녀'에 의해서 몸이 소유된 후에 눈을 뜨면 '다른 처녀'로 있었을 때의 일은 아무 것도 기억에 없었던 것이다.

'다른 처녀'가 하고 있던 것을 조금도 기억하고 있지 않다는 점에서는 영매가 트랜스 상태 속에서 교령하고 있던 사실을 기억하지·못하는 것과 마찬가지이지만 크게 다른 점은 크리스틴의 육체는 사리가 되었을 때에도 어엿한 현실생활을 하고 일반인과 다른 점이 조금도 없었다는 사실이다.
 영매는 이럴 때는 트랜스 상태가 되어 현실세계의 일은 아무 것도 모른다는 것에 이것과 큰 차이가 있다. 이런 점에서 크리스틴의 다른 인격은 배후령이 아니라고 생각되는 셈인데 매우 재미있는 이야기이다.

(2) 악마가 하는 일을 알 수 있다는 소크라테스
 소크라테스의 악처(惡妻)라면 마치 악처의 대명사처럼 되어 있는데, 이 대철학자는 악마와도 사귀고 있었다는 이야기이다.
 소크라테스는 판단하기가 어려울 때면 악마를 불러내어 그 판단에 따르기도 했었다니 이 악마는 이름은 악마이지만 악처보다는 좀더 소크라테스에게 친절했던 모양이다.
 이것이 배후령인가 하면 그것은 아무래도 그렇지 않은 모양이다. 소크라테스 자신이 그 악마에 대한 일을 잘 알고 있었다는 점에서 조금 전의 사리의 예나 영매의 경우와는 다르기 때문이다.
 소크라테스는 환시가(幻視家)에서 잠재의식의 활용법을 알고 있었다고 할 수 있는데 단지 소크라테스는 열심히 영혼의 세계, 저승의 모습을 구체적으로 말하고 있고, 그 존재를 믿고 있었다는 것은 그의 제자인 플라톤의 저작에 의해서 널리 알려져 있다.
 악마는 배후령의 변종으로서 소크라테스 자신이 영매적 소질을 가지고 있었다고도 할 수 있겠지만 이제 와서는 그것을 확인할 수 없는 일이다.

(3) 배후령은 불필요한 큰 영매

역사상 최대의 초능력자이며 영매의 한 사람이었던 스웨덴보그*는 가만히 앉아서도 외국에서 발생하고 있는 화제가 보이거나 영계에 가서 영들과 이야기를 나누어 사자(死者)들만이 알고 있는 사실들을 이승에 전하여 18세기의 전 유럽을 떠들썩하게 했던 인물이다. 스웨덴보그 자신은 백 권 이상의 책을 써서 남긴 영매임에도 불구하고 한 마디도 배후령에 관해서는 언급하고 있지 않다. 스스로 영계에 가서 영들과 직접 만나서 이야기를 나누고 체험을 하고 왔다고 좀처럼 믿을 수 없는 일을 공언하고 있다.

그러나 이 말은 아무리 믿기 어렵다 하더라도 그가 죽은 사람으로부터 들었다는 일은 완전히 사실과 일치하여 뚜렷하게 증명되고 있으므로 우리는 결국 그의 말을 믿지 않을 수 없다. 영매도 이 정도의 초고급이 되면 배후령 따위의 도움은 필요도 없단 말인가?

롯지도 똑같은 교령이라도 자동기술이나 테이블 교령에서는 배후령이 필요없다고 하므로 스스로 영계에 들어가는 일도 스웨덴보그 급의 영매에게는 가능할는지도 모른다.

다만 스웨덴보그의 경우는 그 자신 "영계에 들어가려면 어떤 상태――즉 트랜스 상태를 말함――가 될 필요가 있으며, 자신도 그렇게 해서 영계에 출입하고 있다"라고 말하고 있으므로 이 점은 일반 영매와 마찬가지이지만 다른 영매와 크게 다른 점은 그 상태에서 경험한 일을 트랜스 상태에서 깨어난 뒤에는 정확하게 기억하고 있고, 그것을 책으로까지 폈다는 점이다.

―――――――――――――

*스웨덴보그――1688~1772년, 스웨덴의 과학자・철학자.

● 심령과학 현상의 초보적인 해설

심령과학 계통에 관하여 처음으로 접하는 사람들을 위해서 간단히 영매와의 교령회나 그 교신 등에 대해서 알아보기로 한다. 따라서 이 해설은 어느 정도 심령과학에 대해서 알고 있는 사람은 읽을 필요가 없을 것이다.

영매와 교령회

영매는 대단히 특수한 능력을 지닌 특이한 인간으로서 영계와의 교신은 이 사람을 통하여 행하게 된다.
영매와 마주앉아 트랜스 상태(영매가 평소의 의식상태를 잃고 실신, 몽환(夢幻)상태가 된 것을 뜻함)로 들어간 영매나 영매의 배후령(후에 설명함)을 통하여 저승에 있는 사람과 교신하는 것을 교령회(직역하면 '앉는 일')라고 부르고 있다.
교령을 하는 사람을 교신자라고 부르지만 실험 따위의 특수한 경우 이외에는 친한 자를 잃은 가족이나 친구가 보통의 교신자일 것이다.

교신방법

교령 때의 저승에 있는 자와의 교신은 대개는 교신자의 질문에 영매나 배후령이 답하는 형식으로 행해지는데 그 방법에는 보통의 대화처럼 행해지는 가장 일반적인 것부터 자동기술이라는, 영매의 손이 트랜스 상태 속에서 자동적으로 움직여서 종이 위에 저승의 교신자로부터의 기록을 쓰는 것, 테이블을 사용하여 그 테이블의 움직임에 의해서 기록이 정해진 방법에 의해서 알파벳 문자를 씀으로써 전해지는 테이블 교령의 세가지가 있다.
　그리고 교령은 어떤 방법이든 영매와 교신자가 1 : 1이거나 한 사람의 영매와 복수의 교신자 사이에도 필요에 따라서 자유롭게 행할 수가 있다.

교신의 양상과 배후령

　교신에는 여러 단계의 것이 있는데 그 전부를 여기서 쓸 수는 없지만 가장 간단한 것은 직관적인 인상을 이야기하거나 자동기술에 의해서 쓰여지는 것, 그리고 그것은 영매나 트랜스 상태로 들어가지 않고 보통의 의식상태에서 행해지는 것이다. 여기서는 이 책 가운데에서 주로 다루고 있는 트랜스 상태가 된 영매가 이 배후령의 지배를 받은 상태에서 행하는 교신에 관해서만 설명해 두도록 하겠다.
　영매가 트랜스 상태가 되면 일반적으로 컨트롤(배후령)이라 불리는, 영매와는 전혀 별개의 독립된 지성을 지닌 인격이 나타난다. 이 책의 본문 안에 나오는 '페다'나 '월석' 등이 그것이다. 이 인격에 대해서는 영매의 제2의 인격이라는 의견 따위가 있으며, 그것이 어떤 뜻인가는 별도로 하고 확실히 제2의 인격이라고 해도 좋은 별개의 인격이라는 것은 확실하다.
 이 제2의 인격이 나타나면 영매는 자신의 보통 때의 의식을 완전히 초월한 투시능력 등을 얻게 되어 보통 때의 지식의 범위를 훨씬 능가하는 것에 대해서까지 지각할 수 있게 된다. 그리고 영매는 자기의 보통 때의 방법과는 전혀 다른 방법으로 교신내용을 이야기하거나 자동기술로서 쓰거나 하게 된다.
 제2의 인격 배후령은 보통의 인간 세계라기보다는 '저승'이라고 불리는 세계와 보다 밀접한 관계를 가지고 있다고 여겨진다. 그리하여 이 때문에 배후령은 저승으로부터의 사자(死者)의 통신을 중개로 해서 교신할 수가 있는 셈이다.
 단지 이승과의 교신에는 어느 정도의 불명료함, 오해, 편견같은 것이 정도의 차이는 있으나 어느 영매에게도, 어느 배후령에게도 있다는 것이 사실이다.
 그리고 또 한 가지는 영매의 정신적 소질, 생리적 조건의 상위 및 그때의 컨디션 여하에 따라서 교신은 어느 정도 왜곡되어서 전달되는 것이 보통이다.
 이것은 예를 들면 화가들이 그림을 그릴 때에도 그들은 그가 표현하려고 하는 내용을 그들 자신의 두뇌나 손이나 육체를 통해서만 가능한 것과 마찬가지여서 영매들도 저승과의 교신을 그 육체를 통해서만 표현되지 않을 수 없는 것이다.
 대부분의 영매를 통하여 저승으로부터 오는 메시지를 많이 보내온 자로서 유명한 마이어즈나 호지슨 박사——모두 심령과학의 연구가, 전자는 생전에 '심령조사협회' 회장을 역임했었다——에 대해서 우리가 마이어즈 P라든가 호지슨 V라고 표현하는 것은 이 때문이다.

마이어즈 P란 영매 P를 통하여 교신된 저승의 교신자 마이어즈, 호지슨 V는 영매를 통하여 교신된 호지슨 박사란 뜻이며, 동일 인물이 마이어즈이든, 호지슨이든 다른 영매 V를 통하여 송신되었을 경우에는 각각의 영매의 머릿문자를 붙여서 마이어즈 A라든가 마이어즈 W라 표현하고, 각각의 마이어즈에 어느 정도의 구별을 짓는다.

이렇게 말하면 마이어즈 P는 영매 P의, 마이어즈 W는 영매 W의 잠재의식 속의 산물이지 저승의 마이어즈가 아닌 것처럼 오해될 염려가 있지만 이것은 그 영매의 능력이 진정한 것일 때에는 완전한 오해에 지나지 않는다.

그것은 교신의 내용 그 자체가 각각의 영매의 의식이나 마음속으로부터 나온 것이라고는 생각되지 않는 한편, 마이어즈 P이든 W이든 마이어즈의 특징을 지니고 있는 것이다.

그래서 마이어즈가 아니면 좀처럼 알 수 없는 동일한 사실에 대한 동일한 설명이 영매 P에 의해서도 W, A, D……를 통해서도 행하여지는 것이다. 그러므로 마이어즈 P와 W 사이에는 약간의 차이가 있든 그것은 저승의 교신자가 그때에 이용하는 영매의 능력의 범위 내의 통신수단을 사용하지 않을 수 없는 결과에 지나지 않는다고 생각하겠끔 된다.

방금 통신수단 영매의 능력범위라고 말했지만 때로는 그 교신의 내용 자체도 좀처럼 그 영매의 능력으로는 이해할 수 없는 것이 나오거나 또는 교신에 사용되는 언어도 예를 들어 영어밖에 모르는 영매가 독일어, 프랑스어 뿐만 아니라 생전에 들어본 일도 없는 인도어로 말하거나 쓰거나 하는 영매의 능력 범위를 완전히 초월한 경우도 적지 않다는 것을 부가해 두겠다.

다음과 같은 경우는 그 영매에게 외국인의 영계통신을 받을 때 가끔 나타나는 것이다.

배후령이나 격동현상

교신 때의 영매의 의식상태는 통상적인 의식상태에서 트랜스 상태까지의 관계가 있다는 것은 방금 설명한 바와 같지만, 같은 트랜스 상태라도 거기에는 얕은 트랜스 상태에서 깊은 트랜스 상태까지 있어서 반드시 언제나 같은 정도의 트랜스 상태만 있는 것은 아니다.

트랜스 상태가 깊은 것이 될수록 영매와는 별개의 지성, 즉 저승의 송신자의 지성이 갖는다고 분명히 보여지는 것이 표면에 나오는 것과 함께 보다 강력하게 되고 영매의 자질·능력·생리적 조건 등에서 나오는 피할 수 없는 통신의 변형이나 이그러짐은 적어진다.

이것이 보다 발달한 단계가 되면 텔라지(원격정신작용)라 불리어지는 것이 나타난다. 보통의 트랜스 상태에서는 교신은 저승의 송신자→(텔레파시적 감응)→배후령 및 영매→수신자의 경로로 행하여지고 있는 것이, 이 단계가 되면 텔레파시적인 감응은 빼버리고 송신자가 직접적으로 영매의 육체를 지배하고 그 생리적 기능만을 보다 지배적인 통신수단으로 사용하게 된다.

이것이 송신자가 영매에게 옮겨졌다고 하는 현상이며, 영매는 깊은 트랜스 상태 속에서 저승의 송신자 같은 행동을 하며, 그런 음성으로 말하거나 그 필적으로 자동기술을 하기 시작하는 현상이 일어난다. 비유적으로 말하면 이때 '영매는 저승의 송신자가 되어 있는' 것이다.

이 단계보다 발전하면 영매의 육체, 생리적인 기법이라는 영매의 개인적인 조건을 떠난 현상도 일어난다. 이것이 텔렉니시스——격리현상·격동작용·염동(念動)작용——염력으로 사물을 일으킨다고 통속적으로 말하고 있는 것이 이 현상이다)라든가 물체가 지배적으로 움직이는 현상이다. 랩(叩音 ; 소리가 날 어떤 원인도 없는 곳 등에서 똑똑하는 노크 소리가 들리는 현상)는 이 현상의 매우 단순한 스타일이지만 이것도 격동현상에 속하는 것으로 생각된다.

그리고 이 책에서 자주 나오는 테이블 교령에 대해서는 다음 항에서 좀더 자세하게 설명하고 있으므로 참고해 주기 바란다.

제 I 부 저승으로 간 사랑하는 아들과의 교신 157

테이블 교령의 해설

테이블 교령은 널리 알려져 있는 것처럼 영매와 교신자가 테이블을 둘러싸고 앉고 그 전원이 테이블 위에 가볍게 손을 대고 행하는 것이다. 그 방법이 너무나 간단하기 때문에 가정에서의 즉흥적인 오락으로 행해지거나 해서 아주 가볍게 보거나 교령의 출석자가 테이블에 손을 대고 있기 때문에 그 원리에 대하여 정확하게 이해되지 않거나 오해를 사거나 하고 있다. 그러므로 나는 여기서 테이블 교령회의 원리와 그 효용 등에 대해서 간단하게 설명해 두겠다.

테이블 교령의 원리

테이블 교령은 하는 방법이 너무나 간단하기 때문에 오히려 잘못 보거나 오해하고 있는데 실은 이것은 자동기술의 원리——저승의 교신자가 영매의 육체·손·생리적 기법을 써서 종이 위에 글자를 써내려 가는 것과 같은 것이다.
 그런 뜻으로, 즉 영매(및 교신자를 포함하여)의 육체가 이용되고 있으며, 영매의 생리적인 기법을 떠나서 일어나는 현상은 아니라는 뜻에서·테이블 교령회를 심령과학에서 말하는 '물리현상'(공중에 물체가 떠오르거나 하는 격동현상 등)

으로 필요한 것은 아니다.
 한편, 테이블에 대고 있는 영매나 교신자의 손만이 이 테이블의 움직임을 좌우하고 있다는 일반적이고 극히 단순한 물리현상과 같은가 하면, 그렇지는 않고 분명히 다른 현상인 것이다.
 확실히 표면적으로 보면, 그리고 이 테이블의 움직임에 영향을 주고 있는 힘을 일반적인 기법의 면에만 한정해서 보면 그것은 교령회 참가자의 근육의 움직임, 즉 손의 힘이 그 원인이라고 하는 것은 틀림없지만 단지 이러한 일반적이고 물리적인 현상과 다른 점은 그 손의 힘은 보통 때와 똑같은 사용법을 하고 있는 것이 아니라는 점이 큰 차이점이다.
 즉 그것은 교령회 참가자의 손의 힘을 이용하면서도 그 배후에 참가자의 의식적인 손의 움직임은 물론이고 무의식적인 손의 운동만이 아닌 어떤 힘이 곁들여 있는 듯이 생각된다는 사실이다.
 그러나 문제를 상식적으로 확증할 수 있는 범위, 즉 일반적으로 이성적으로 이해할 수 있는 범위에 한해서 논한다면 힘은 이성적으로 이해될 수 있는 사용법을 쓰고 있는 것은 사실이다.
 올바른 문자가 나왔을 때 테이블이 자동적으로 멎는 것은 교령회의 참석자의 '참는 기분'——일종의 억제감정——때문인 것이다. 빛은 항상 테이블 위에 놓여진 모든 사람의 손을 보기에 충분한 밝기가 있고 테이블 교령회는 대낮의 태양 아래서도 가능한 것이다.
 테이블 교령의 보통 방법은 알파벳이 읽어지고 테이블은 각각의 문자가 나올 때마다 기울어 흔들리거나 쾅하고 마루를 치거나 해서 그것이 올바른 문자가 나오는 곳에서 멈출

때까지 계속되며, 그렇게 함으로써 나온 문자가 이어져서 의미(즉 저승의 교신자의 메시지)가 부여되는 것이다.

그러므로 참가자의 손의 무의식적인 움직임의 영향은 피하기 어렵고 그 답이 만약에 참가자에게 예기되는 종류의 것이었을 때에는 매우 피하기 어려운 것이 된다.

그러나 첫째는 참가자가 그와 같은 자신의 의식적, 무의식적인 손의 움직임으로 흔들림을 좌우하지 않도록 주의하고, 둘째는 흔들림이 멈추는 것은 예기되는 것이라는 것, 세째는 문자가 오래지 않도록 주의하고, 둘째는 흔들림이 멈추는 것은 예기되는 것이라는 것, 셋째는 문자가 오래 계속돼서 나오면 방 구석에 있으면서 한자 한자 읽어진 문자를 기록하고 있는 기록자 이외에는 그 연속된 문자의 연관이 즉 의미불명한 것이 되어, 그 끝에 나오는 문자를 예기하는 일 따위는 테이블에 손을 대고 있는 사람에게는 좀처럼 불가능하다는 사실을 염두에 두어야 한다.

테이블 교령회의 두 가지 효용

테이블 교령회는 보통의 교령처럼 영매나 교신자를 통하여 하던 것처럼 저승의 통신자와 긴 대화를 나누기 위해서는 확실히 부적당한 방법이다. 그것은 한자 한자의 문자를 수신하는 것만으로도 상당한 시간이 걸리고 이것을 연속적으로 기록하고 말로 이행한 다음에, 다시 저승의 송신자에게 질문한다는 방법이 대화를 위해서는 매우 불편하기 때문이다. 그러나 그 방법이 너무나 단순하기 때문에 부당하게 경시(輕視)되어 온 이 방법은 다음 두 가지 점에서 큰 이점이 있다.

첫째는 설사 이름이나 짧은 말을 분명하게 '수신'하기 위해서는 매우 적당한 방법인 것이다. 그것은 보통의 교령 때처럼 영매나 교신자가 중개하는 교신이 아니기 때문에 그 중개자의 자질·능력·성격 등에 의해서 어긋나지 않은 정보를 얻을 수 있기 때문이다.

둘째는 저승의 송신자의 기분을 보다 직접적으로 전달하는 감정표현의 가능성——테이블은 그 움직임에 의해서 송신자의 감정만 표현하는 것이다! 자세한 것은 제2부 참조——과 송신자가 다른 교령 방법으로는 중개자에게 의뢰하지 않으면 안될 메시지를 스스로 테이블의 움직임을 조정하여 송신할 수 있다는 유용성이다. 그리고 주로 이 후자 때문에 테이블 교령은 송신자 자신에 의해서 보다 바람직한 방법이라고 생각되는 것이다.

제Ⅱ부

〔해설〕

死者는 살아 있다

형태는 어디까지나 분할(分割)할 수 있다. 하지만 생명은 언제나 그 바깥에 있다. 우리는 그(생명)와 마주칠 때에만 그의 존재를 알 수 있는 것이다.
—— 테니슨 《記憶》

새로운 과학으로서의 롯지의 심령과학

　이 책의 원저가 번역에 비하여 5~6배의 부피를 지닌 것이므로 〈사실편〉에 있어서도 상당한 부분을 삭제하지 않을 수 없었음은 이미 앞에서 설명한 대로이다. 이제부터 소개하는 〈해설편〉에서도 역자는 유감스럽게도 일부를 요약하지 않을 수 없었다. 그러나 〈해설편〉에 대해서는 원저자인 롯지의 전체적인 이론이나 생각을 소개하지 않고 일부만을 번역하여 소개해서는 전혀 무의미한 것이 되거나 정확한 이해를 할 수 없을 염려가 있다.
　그래서 〈해설편〉에 들어가기 전에 〈해설편〉의 전체의 설명과 번역서에서 제외한 부분에 대해서 설명되고 있는 사항 등을 간단하게 소개하기로 한다.
　그리고, 이 번역서에서는 독자에게 보다 흥미있다고 여겨지는 영계(靈界)통신──저승의 인격과의 의사의 교류──의 〈실재〉 등이 실린 항목에 관해서는 원저의 내용을 거의 완전하게 수록하고 있으므로 이에 관해서는 원저 그대로라고 생각해도 무방할 것이다.

'해설편'의 해설

원저자가 이 책을 쓴 최대의 목적은, 새로운 과학의 문제로서 인간의 사후에 잔존(殘存)하는 인격의 문제를 다루어서 이제까지 자신이 연구해 온 성과를 발표하는 일이었다. 이상으로 알 수 있는 바와 같이, 원저자의 이 문제에 대한 태도는 어디까지나 과학자로서의 태도이지 종교가나 미신가의 태도는 아니다.

또한 일반적으로 기이한 사실로서 다루어지기 쉬운 사실만을 모아서 그것을 소개하는 것만으로 그치고 있는 것도 아닌 것이다. 어디까지나 그러한 사실에 입각하여 그 사실이 지닌 의미를 과학적인 태도로 조사, 검토하고 과학적 이론의 이론화와 과학적 설명을 가하는 것이다.

물론 이 문제를 원저자와 같은 태도로 문제삼는 사람은 극히 적으며, 원저자가 이 문제에 관해서 보다 깊은 연구를 쌓은 사람이라고는 하지만 문제 자체가 그때까지 과학의 영역에서 단 한 번도 문제가 된 일이 없던 과학상의 '새로운 문제'인 것이다. 그만큼 원저자 자신이 많은 부분에 대해서 '그 문제는 아직 완전하게는 모른다. 사실은 엄연한 사실로서 존재하지만, 자신도 아직 그 뜻을 설명할 수가 없다……' 라고 이론을 세울 정도로, 완전하지 못한 부분이 많은 것도 솔직하게 수긍하고 있는 점도 사실이다. 문제가 새로운 개척분야이므로 이것은 오히려 당연한 일이다. 독자는 원저자를 책망하기 보다는 오히려 냉정하고 신중·성실한 태도를 지닌 저자의 자세에 어디까지나 찬의를 표해야 할 것이다.

그러면 원저자는 이 '새로운 문제'에 어떤 입장을 취하고 있는가, 지금까지의 과학은 이 문제를 어째서 다루지 않았는가, 또한 다를 수 없었는가──원저자의 입장을 한 마디로 말하면 '생명 그 자체'를 문제로 삼는 입장에 서서, 이제까지의 과학이 설사 '생명의 주변'을 기웃거리는 일은 있었지만 '생명 그 자체'를 문제의 정면에 놓은 일은 없었던 것을 감안 이를 다룬 셈이다. 여기에 이 책의 최대의 특색과 의의가 있는 것이다.

그러면 해설편의 내용을 간단하게 소개하겠다.

롯지 경은 최초에 이제까지의 과학의 방법과 태도를 분명히 밝히고 그것으로는 이 문제를 다룰 수 없다고 설파한 후 생명이란 무엇인가, 죽음이란 무엇인가, 생명과 의식 등에 관하여 새로운 관점에서 그 생각을 설명하고 있다.

이렇게 말하면 꽤 어렵게 생각되기 쉽지만, 전문가가 아니고는 알 수 없다든가 어려운 이론이어서 독자를 곤란하게 하는 것은 없다. 모두가 독자 자시이 자신의 몸을 돌이켜보고 차분히 생각해 보면 쉽게 이해될 수 있는 것 뿐이다. 그러나 다만 보통 사람은──이제까지의 과학자들을 포함해서──이 문제를 롯지와 같은 시점에서 정밀한 관찰안(觀察眼)을 가지고 보지는 않았었다. 즉, 무시하고 있었다고 하는 것이 옳을 것이다. 또한 롯지는 어째서 그것이 그런 상태로 오해되어 왔는가 하는 이유에 대해서도 언급했다.

이상의 설명을 한 후 영계통신의 방법, 영계통신으로 지적되는 사실, 사이코 피지칼(정신물리학)의 수단, 어떤 태도로 이 문제에 임할 것인가──등 구체적인 문제의 해설로 들어가고 있다.

영계통신 등에 대해서 쓰여진 책이 없는 것도 아니지만 이 책은 앞에서도 말한 것처럼, 생명에 관한 여러 문제에 대한 롯지의 새로운 생각이 이미 설명되고 있으므로 독자에게는 구체적인 문제의 이해에 도움이 될 것이며, 또 달리 유례가 없는 설득력을 지닌 것으로 받아들여질 것이다.
 그러면 이하 삭제된 부분을 초록(抄錄)하여 소개해 보기로 한다.

1) 과학적 유물주의(唯物主義)의 독선과 한계

롯지 경은 여기서,
"나의 이론에 어떤 가치가 있는가, 또는 없는가는 나에게는 별 문제가 아니다. 단지 이 이론은 자연적 사실의 연관 속에서 당연하게 생길만 해서 생긴 이론이라는 것, 그리고 그들 사실은 나에게는 이미 알려진 사실이며, 또한 누구나(알려고 한다면) 알 수 있는 사실인 것이다. 그러나 나는 이 이론을 제시함으로써 여러분들에게 큰 도움을 주었다고 생각지 않는다. 왜냐하면, 사실은 소위 과학적인 사람이라고 불리는 대부분의 사람들에게 과제를 주었을 뿐 당장 받아들여야 되는 것이라고 강요할 수 없는 것이기 때문이다."
 라고 새로운 과학선언을 하면서, 앞의 이론 가운데 든 '소위 과학적인 사람들'의 지금까지의 비과학적인 태도를 공격, 어떻게 과학자가 비과학적으로 되어 있는가를 다음과 같이 그들이 근거로 삼고 있는 과학적 유물주의의 한계와 독선을 파헤침으로써 이해시키려고 하고 있다.

〈롯지는 다음과 같이 말하고 있다〉
"과학적 유물주의는 다음과 같은 세가지 원칙을 바탕으로 하고 있다. 즉 그것이 우주의 생생·소멸을 설명하는 법칙이라는 것. (1) 기법의 원리, 즉 우주에 의지가 있는가 하는 우주를 목적론적으로 해석하는 것에 대한 거부. (3) 물질이나 운동의 관점에서 설명할 수 없는 정신이나 심리적인 본질적 존재가 있다는 것을 바탕으로 하고 있다는 것이다.

  그러나 이 가운데 (1)은 과학의 공통적인 자산이어서 어떤 유물주의 과학자도 자기 혼자만의 것이라고 독점적으로 주장할 권리는 없다. 그리고 (2)나 (3)도 (1)에서 유도되는 당연한 이론이라고는 누구도 주장할 수 없다. 또한 (2)를 독립된 명제(命題)로 생각하더라도 그런 일은 우주 전체가 풀렸을 때에야 말할 수 있는 것이어서 과학자의 탐구의 한계를 초월한 것이다. 과학자는 보다 가까운 근인(近因)을 탐구하지만 그 이상은 그의 역할이 아니며, 또 그럴 능력도 없다.

  (2)는 좀더 정확하게 말한다면 '실제상의 과학은 그 대상 영역을 (2)에 한정시키고 있다'고 할 수 있다. 그러므로 (2)는 정책이지 철학은 아닌 것이다.

  정책은 유용성을 지니는 것이므로 그것은 정책이라고 인정하는 그 한계 내에 입장을 제한시켜야 한다. (3)에 대해서는 물리학의 영역 내에 한정해서 논의한다 하더라도 그 거짓을 금방 알 수 있다. 확실히 열이나 소리는 물질이나 운동——기체나 액체의——으로 환원시켜서 설명할 수가 있다. 그러나 전기는 순수한 역학이론 등으로는 설명을 할 수 없는 '본질'인 것이다."

  즉, 롯지가 말하고 싶어하는 것은 자신의 한계를 넘는 것은 솔직하게 이를 인정, 그것에 대해서는 제멋대로의 해석을 내리지 말라는 것이다. 또 다음과 같이도 말한다.

  "과학적 유물주의 이론이 해온 역할과 그 공헌은 크다. 그러나 그 성공이 오히려 그들을 장님으로 만들어 자신들의 이론의 테두리를 넘는 문제란 있을 수 없다고 생각해 버리게끔 하였다. 그래서 그들은 그 테두리를 벗어난 사실에 대해서는 근거도 없이 거부하는 데, 그것은 과학자로서의 신중성을 스스로 포기하는 일인 것이다."

　그러면 롯지의 입장은 어디에 근거를 두고 있는가? 그렇다고 과학적 유물주의를 공격하는 입장이라고 해서 종교나 철학이 유심론 따위와 결합된다면 롯지는 당황해버릴 것이다. 왜냐하면, 유물론적인 방법으로 물리학을 연구해 온 물리학자인 때문이다(물리학은 본래가 그런 것일지도 모른다. 적어도 지금까지는).

　그것은 롯지 자신이 한 마디로 말하면 자신의 입장과 한계를 항상 관찰, 그 입장이나 한계 내에서 해결되지 않는 문제가 발생했을 때에는 자체를 변경해버리는 겸손하고 유연(柔軟)한 과학자이기 때문이겠지만, 자기의 입장을 유연하게 변경할 수 있는 것은 롯지가 독창적인 사람이기 때문일 것이다. 그것은 그렇다 치고 유심론적인 종교에 대해서는 다음과 같이 말하고 있다.

　"내가 말하는 것은 마음이 넓은 신학자들이 말하는 것과 결과적으로 가끔 일치되는 곳도 있다. 그러나 나는 교회의 철학에는 마음이 끌리지 않는다. 그렇다고 해서 교회의 철학을 공격하는 것은 아니다. 다만 좀더 시간이 흐르면 교회의 철학은 보다 높은 과학적 지식에 의해서 대치되리라고 생각하기 때문이며, 그것에 찬성하기 때문이다."

　과학적 유물주의를 공격했다고 생각하면 어느 틈에 교회를 난도질하는 셈이 된다. 더구나 공격하지 않는다고 하면서도 실제로는 전면공격 이상의 폭탄을 던지고 있는 것이다. 그러나 그는 사실 이런 것은 문제삼지 않고 있다. 좀더 높은 과학적 지식에 의해서 대치될 날이 멀지 않기 때문에, 그리고 그보다 높은 지식이 자신의 이론이라는 것을 믿고 있기 때문이다.

그러면 롯지 이론의 입장이란 무엇인가? 롯지 자신은 이를 정신과 물질의 두 가지를 동시에 문제의 정면에 놓는 이원적인 입장이라 말하고 있다. 즉 지금까지의 과학이 물질 분야에 관해서는 유물론적인 방법만으로 연구해 왔다. 그러나 저자가 문제로 삼아 온 심령적 분야는 이 방법만으로는 이해도 해명도 할 수 없다는 것이다. 또한 종교가가 말하고 있는 것도 실은 사실을 초월한 신념에 불과한 것이다.

다시 말해서 심령 분야의 문제를 이해하거나 해명하기 위해서는 물질과 정신 양쪽을 동시에 문제로 삼고 양자의 접점(接點)을 탐구할 수밖에 없다는 것이다.

이 접점을 문제로 하고 있는 점이 롯지 과학의 안목(眼目)인 것이지만, 그러한 접점이 있다고 생각하는 그 자체가 지금까지의 과학의 상식적인 사고로는 엄두도 내지 못하는 일이므로 롯지 과학의 새로움이 사람들의 주의를 끎과 동시에 즉각적으로 받아들여지기 힘든 점이다.

그러면 이하 순차적으로 각 항에서 원저자가 설명하고 있는 것을 들추어서 소개하기로 하겠다. 그러나 그 전에 롯지의 말을 한 마디 그대로 인용해 보겠다.

"나의 이론의 근거가 되어 있는 여러 사실은, 나에게는 화학이나 물리학의 분야에 있어서의 원자이론의 근거와 같은 정도로 확고한 것으로 생각된다."

2) 생명이란 무엇인가?

나는 생명이란 물질에 생기를 부여하고 소위 생명활동을 일으키게 하는, 하나의 본질적인 원리와 형태를 갖지 않은 원리라고 정의한다. 생명을 지닌 물질(즉 생명체)의 행동은 생명을 지니지 않은 물질과는 분명히 다르다는 것은 누구나 알고 있다. 이것은 기교적으로 움직이는 물질의 한 조각의 이상한 움직임에 비해서 '마치 살아 있는 것 같다'고 말하는 표현을 쓰는 것을 보아도 잘 알 수 있다.

그러므로 생명의 행동이 단순한 물리학 등으로 파악할 수 있는 것이 아님은 말할 필요도 없다. 예를 들면, 점핑 비임*의 이상한 움직임은 확실히 과학적인 원리에 의해서 설명되긴 하지만, 그래도 그것이 언제 움직이는가, 어떤 방향으로 움직이는가 하는 것을 예측할 수는 없다. 그 자체를 움직이게 하는 것은 그 안에 있는 벌레이기 때문이다.

생명활동을 멈춘 물질을 우리는 죽었다고 말한다. 그리고, 이 물질은 생명이 사라져버린 물질이므로 이 자체를 완전한 생명체라고는 말하지 않는다. 그러나 이 경우에 우리가 말할 수 있는 것은 생명이라는 원리가 어딘가에 사라져버렸다는 그 사실뿐 생명 그 자체의 것에 대해서 우리는 그 이상 어떤 설명도 할 수 없다는 것이다.

사실 도토리나 그밖의 초목의 씨 속에 있는 생명 그 자체는 우리의 이해의 범위를 초월하고 있는 것이다.

우리는 그 생명의 활동의 결과를 보거나 느낌으로써 생명이 그 안에 '있다'든가 '없다'든가 말할 수 있을 뿐이다.

생명은 그 자체로서 생각해야 하는 것이다. 그것은 에너지의 하나의 형식도, 그렇다고 그밖에 어떤 것으로 설명할 수 있는 것도 아닌 것이다. 전기도 생명과 같아서 어떤 것으로도 설명할 수 없는 것과 마찬가지로, 기초적 생명에 대해서도 마찬가지인 것이다. 대개의 물질은 전하(電荷)*를 가지고

---

*점핑비임 —— 멕시코 만의 식물의 씨앗. 그 안에 있는 작은 벌레의 움직임에 의해서 흔들리며 움직인다.
*전하(電荷) —— 물체가 띠고 있는 전기의 양.

있지만 전하 자체에 대해서는 무엇으로도 설명되지 않으며, 이것도 생명의 경우와 마찬가지이다.

생명이라는 원리적 존재가 에너지 형태의 하나가 아니라는 것은, 생명을 담고 있는 식물의 씨앗이 무한한 세대에 걸쳐서 자손에게 생명을 전해 가는 것으로 간단하게 알 수 있다. 왜냐하면 에너지는 무한하게 분할할 수 없는 것이기 때문이다.

또한 생명은 물질이나 에너지를 자기의 생명의 목적——그것은 주로 성장과 번식이다——에 맞추어서 이용한다. 그러나 생명 그 자체는 힘도 내지 않고 활동도 하지 않는다. 그러나 생명은 에너지를 자기가 생명활동을 시키고 있는 것(생명체)을 위해서 이용한다.

어떻게 그것을 하고 있는지 우리는 그 방법을 모르고 있다. 그러나 역시 생명은 간접적으로 물질세계와 상호작용을 행하여, 물질세계에 영향력을 행사하고 있다.

똑같은 음식물이 각각의 동물에게 먹힌다면 돼지가 되거나 개가 되거나 인간이 되지만 그것은 생명이 그렇게 하고 있는 것이다.

인간의 뇌나 신경조직같은 것은 비생명계의 물질세계에는 불필요한 것이지만 생명체에는 없어서는 안 되는 불가결한 것이다. 뇌나 신경조직은 물질적인 자극을 정신적인 것으로 바꾸거나 섭취하기——또는 반대로 정신적인 것을 물리적인 것으로 바꾸는——위한 기관인 것이다.

3) 죽음이란 무엇인가?

생명 그 자체가 어떤 것이든 그것은 우리에게는 하나의 추상화된 개념이다. 그러므로 생명을 이해하기 위해서는 우리는 살아 있는 것에 대해서 알고, 거기에 공통되어 있는 것이 무엇인가를 볼 필요가 있다. 생명체가 살아 있는 동안은 생명은 물질을 그 생명체의 성격에 따라서 변형시키고 에너지를 그 목적에 따라서 이용하고 있다——그 목적이란 특히 성장과 번식이다.

그래서 생명체는 살아 있는 한, 그 복잡한 몸을 쇠퇴와 부패로부터 방위하고 있다. 죽음은 생명이 물질과 에너지에 대한 통제력을 잃는 것이며, 그 후에는 조정할 수 없는 물리적 화학적인 힘만이 남게 된 것을 말한다.

죽음은 소멸이 아니다. 정신도 육체도 소멸하거나 존재하지 않게 되는 것은 아니다. 몸은 그 이전과 똑같은 중량을 가지고 있다. 단 한 가지 잃은 것은 창조능력뿐인 것이다. 그리고 우리가 생명이라는 원리에 관하여 말할 수 있는 것은, 그것이 이미 물질적 조직에 생기를 부여하지 않게 되었다는 것뿐이다.

우리는 생명 그 자체에 관해서, 즉 그것이 이미 활동력을 지니고 있지 않다든가 아직도 가지고 있다든가, 살아 있지 않다든가 살아 있다는 등의 논쟁을 하는 것은 그 이상의 일을 모르는 한 불필요한 것이다.

우리가 '육체는 죽었다'고 말할 때 그것은 정확한 표현이지만, '그가 죽었다'고 말할 때에는 두 가지 뜻으로 해석되는 약간 부정확한 표현을 하고 있는 것이다. 우리가 그의 육체에 관하여 말하고 있다면 이 표현법은 옳지만 그의 개인 인격에 대해서 말하고 있다면 옳지 않다.

나는 차라리 '그는 육체가 죽은 것과 같은 뜻으로는 죽어 있지 않다. 그는 육체 속을 떠나갔다'고 말하고 싶다. 그의 육체가 부패하는 것은 '그'가 그곳에 있지 않기 때문이다. 그러므로 '그' 자신은 부패에도 파괴적인 작용에도 관계가 없는 것이다.

또한 육체도 소멸되는 것이 아니라, 다만 그것은 변화할 뿐이라는 사실을 알아 둘 필요가 있다. '그'에게 연속되지 않는 것이 아니라 단지 구부러지는 방법이 다를 뿐이라고 표현해도 좋으리라. 죽음은 탄생과 마찬가지로 변화이긴 해도 조금도 두려운 것은 아니다.

우리는 탄생에 의해서 그 상태를 변화시켜 공기와 의미와 무량의 존재에 넘친 세계 속으로 찾아온다. 우리는 죽음에 의해서도 그 상태를 변화시켜서 다른 영역 속으로 들어간다──그러면 그것은 어떤 영역인가?

나는 그 영역을 텔레파시(精神感應)라고 불리어지는 것과 비슷한 방법의 통신을 이용하는, 의사의 교류를 우리들이 익숙한 간접적이고 물리적인 과정을 통하지 않고 행하는 세계라고 생각한다.

또한 아름다움이나 지식은 우리의 세계와 마찬가지로 생생하게 느껴지며 진보도 가능하여, 상찬(賞讚)·희망·사랑·이상의 실재감을 가지고 존재하고 있는 세계라고 생각한다. 이런 뜻에서 우리는 '사자는 죽지 않고 살아 있다'고 말할 수 있는 것이다.

루스타이나호의 조난사의 수기

나는 여기서 루스타이나호*의 승객이었던 한 여성의 수기

---

*루스타니아호──1915년 5월, 북대서양에서 독일 잠수함에 의해서 격침된 영국의 기선.

제Ⅱ부 [해설] — 死者는 살아 있다   173

를 소개하겠다.
　나는 그녀가 이 재난이 있은 직후에 친구의 소개로 만났는데, 그녀는 매력있는 젊은 여성으로서 재난 직후였으나 쾌활하였다. 다만 미국에 남기고 온 남편과 친구들이 얼마나 걱정하고 있을까 하는 것만을 염려하고 있었다.
　다음의 수기는 그녀가 나의 물음에 쾌히 응해서 써 준 것으로, 이름을 밝히지 않는다는 조건으로 책에 실리는 깃을 허락해 주었다. 죽음의 본질과 죽음에 직면한 인간의 심리상태가 적나라하게 그려져 있다고 나는 생각한다.

〈수 기〉

　당신의 편지를 받고 기쁜 한편 놀랐습니다. 에드버스턴에서 만나 뵈었을 때 저의 이야기를 주의깊게 들어 주시고, 또 제가, 인간이 참다운 위기에 처했을 때에는 어떤 기분을 느끼고 어떤 인생의 전망을 갖는가를 이야기하는 일이 얼마나 어려운가를 말씀드렸을 때 당신께서 이상한 표정을 지으셨음을 잘 기억하고 있습니다.
　당신께서 저에게 부탁하신 것은 저에게는 쉬운 일이 아닙니다. 왜냐하면 저에게는 그것을 어떻게 써야 이해될 수 있는가를 잘 몰라 어둠 속에서 더듬거리는 듯 하기 때문입니다 그러나 당신께서는 그 가운데서 스스로 빛을 발견하시고 그 빛을 다른 사람들에게도 나누어 주시려고 하십니다.
　저는 그때의 경험과 기분을 될 수 있는 대로 충실하게 기억에 되살려서 쓰기로 하겠습니다. 그것이 당신에게 조금이라도 도움이 되었으면 합니다.
　제가 그 항해의 처음부터 어떤 일이 일어나리라는 것을 알고 있었다는 것은 지금 와서 생각하면 이상한 일입니다. 하지만 그것은 참다운 실제의 지식이라고 하기 보다는 단지 분명히 불길한 예감, 항해의 고요함과 평안이 어떤 점에서는 무언가 크나 큰 사건을 기다리고 있는 상태라고 저는 느꼈습니다. 그래서 배가 폭발(그것은 피스톨의 발포처럼 별안간 일어났습니다)에 의해서 부서졌을 때에도 저의 마음속에 있던 기묘한 예감 때문에 특별하게 이렇다 할 충격을 받지 않았을 정도였습니다. 그 순간에 있었던 일로 제가 기억하고 있는 단 한 가지 날카로운 감정은, 범죄가 행하여졌을 때 느끼는 분개하는 기분, 눈에 보이지 않는 기분나쁠 정도의 평온함도 때로는 투쟁 본능——주사위 노름을 할 때와 같은———이 그들의 마음의 어떤 부분을 차지한 때문이 아닌가 하고 생각합니다. 결국 그것은 단지 배의 난파가 아니라 전쟁의 발발이었습니다.

저는 읽고 있던 책을 내려놓고는 배의 다른 현(舷) 쪽으로 돌아갔습니다. 거기에 있는 구명 보우트 주위에는 많은 사람들이 모여 있었습니다. 루스타니아는 몹시 흔들거려서 있기도 곤란했습니다. 하지만 공포라고 할 수 있는 것은 없었다고 생각합니다. 저는 선실로 되돌아 왔습니다. 객선 계원이 친절하게 구명대를 입는 것을 도와주고 털 코우트를 벗으라고 충고해 주었습니다. 저는 불안이나 걱정도 느끼지 않고 갑판으로 다시 올라갔습니다. 갑판에 서 있기는 곤란했지만 저는 그곳에서 곁에 있던 노신사와 살아날 수가 있을까 하는 이야기를 나누고 있었습니다.

저희들이, 우리에게는 그것이 생이든 죽음이든 자신의 눈앞에 다가오는 것이 무엇이든 차분히 기다린다는 본능——그것은 필사적인 삶에 대한 본능은 아니었습니다——이 얼

마나 강하게 존재하고 있는가를 실감하게 되었던 것은 이때
라고 생각합니다. 그것은 저희들에게 이성을 잃지 않게 하였
으며, 갑판 아래서 아비규환이 되어 무리지어 절규하는 광란
한 무리가 되는 것을 억제하는 것이었습니다. 저는 제가 바
다 위에 떠 있고──머리위의 하늘처럼 고요하고 큰 바다 위
을 이리 저리 헤매어 지옥같은 아수라(阿修羅)장에서 멀리
떨어진 곳까지 표류하고 있다는 것을 느끼기까지는 자신의
마지막 교차점을 가로질러 갈 때가 왔다고는 느끼지 못했었
습니다. 저의 등 뒤로는 바닷속으로 잠겨 가는 사람들의 외
침소리, 노젓는 소리, 구명 보우트로 구조작업을 하고 있는
사람들의 외침소리──등이 점점 멀어져 가고 있었습니다.
저는 구조될 가망이 없다고 생각했습니다.
　그래서 저는 자신에게 말하여 제 마음을 납득시키려고 했
습니다──때는 왔다, 마지막을 장식할 때는 왔다, 너는 그
것을 실감하지 않으면 안된다──그러나 저의 마음 속에는
집요하게 외침소리가 계속 울려왔습니다. ──아니다, 그건
지금이 아니다, 라는.
　갈매기가 제 머리 위에 날고 있었습니다. 저는 그때, 자신
이 갈매기들의 날개가 튕기는 바닷물 방울의 아름다움에 시
선을 빼앗기고 있었음을 기억하고 있습니다. 갈매기들이 행
복한 듯 보였으므로 저는 약간 고독하게 느껴졌습니다.
　저의 생각은 저의 가족에게로 달려갔습니다──나를 만나
려고 마음속에서 기다리고 있겠지, 이 시간에는 정원에서 차
를 마시고 있겠지……. 그들이 얼마나 슬퍼할까를 생각하자,
참을 수 없어 저는 작은 소리로 울었습니다. 어떤 책의 제목
이 제 머리를 스쳤습니다. 특히《두려움은 없다》라는 책의
제목이. 그것은 실로 그 순간의 저의 마음을 대변하고 있었

습니다.

고독, 확실히 그랬습니다. 다른 사람을 슬프게 하는 것의 슬픔——그러나 두려움이란 것은 없었습니다. 사태는 정상적인, 아주 매우 정상적인 것이었습니다. 이제부터 일어나려고 하는 연극의 자연스런 무대처럼 여겨졌습니다. 저는 오히려 저승에 있는 누군가에 대해서 알려고 했습니다. 그리고 그 세계에는 저를 구해 주러 올 친절하고 낯선 사람이 있으리라는 것 등을 생각했습니다. 구명 보우트가 조용히 제 등 뒤로 다가와, 제가 두 남자의 도움으로 보우트 안으로 끌어 올려졌을 때 저는 분명히 죽음으로부터 구해져 있었습니다. 생명이 이렇게도 빨리 구해진다는 사실에 정말 깜짝 놀랬습니다——보우트 안에 있는 사람들은 누구나 침착했었습니다——한 남자는 이미 죽어 있고, 또 한 사람은 기절해 있었지만.

한 여인이 차가 마시고 싶다고 작은 소리로 말했습니다. 그러자 그 희망은 퀸스턴에서 온 소해정*으로부터 저희들 전부에게 주어졌습니다.

저는 그 배의 이름은 잊었지만 그 배의 승무원들의 친절은 결코 잊을 수 없을 것입니다——특히 저에게 마른 옷과 따뜻한 타올을 주어 저를 구해 준 장교의 일은.

제가 지금까지 쓴 것은 별로 당신의 흥미를 끌지는 못할 것입니다——저는 잘 쓸 줄을 모르기 때문입니다——하지만 그것은 알고 계시겠죠. 저는 죽음에 직면했던 사실을 매우 기쁘게 생각합니다. 그리고 그것이 항상 가까이에 있음을 실감했습니다.

---

*소해정(掃海艇)——바다 속의 수뢰를 제거하는 배.

어느 날, 저에게는 열리지 않았던 문을 통하여 저쪽으로 간 사람도 많았습니다. 그러나 저는 그들이 그때를 맞아 두려움을 느꼈으리라고 생각지 않습니다. 그와는 반대로 그들이 무엇을 보았든 그것을 아름답게 느껴졌으리라 생각합니다.
 저는 이승에서 저승으로 올라가는 일은 아무런 고통도 없다고 생각합니다. 물론 적어도 병에 의한 것만 아니라면. 그것은 우리들이 인생이라는 길 위의 하나의 무대를 지나가는 것처럼 보일 것입니다.

 4) 죽음과 부패
 생명이 사라지고 형성작용을 잃은 육체에 대하여 생각해 보자. 그러나 우선 나는 이것을 생각할 때에 그것과 무덤의 관념을 결부시켜서 연상하는 일이 없도록 충고해 두겠다.
 생명이 사라진 육체는 물론 장사 지내지 않으면 안된다. 그것은 조정할 수 있는 힘이 없어진 육체의 부패작용은, 마치 조정되지 않은 불이나 홍수처럼 자연적으로 살아 있는 자의 안전을 위협하기 때문인 것이다.
 한편 사후에도 남는 인격과 그 사자의 육체를 '그를 땅 속에 묻는다'라든가 '그는 여기에 잠들다'라는 어구처럼 결부시키거나, 시체의 부활과 같은 관념과 결부시키는 일은 비과학적이고 괴로운 일인 것이다. 단순히 있는 그대로의 진실은 인간의 상상의 산물보다 깨끗한 것임을 알아야 할 것이다.
 그러면 무엇이 있는 그대로의 진실인가? 나는 산문적인 견해와 시적인 견해에서 이것을 설명해 보겠다.
 산문적으로 보면, 부패의 과정은 과학적으로 그 자체가 마음에 들지 않을 아무런 이유도 없는 것이다. 그것은 발효작용이나 그밖의 화학적·생리적 과정과 마찬가지로 흥미있는 점도 있다.

부패는 독약과 마찬가지로 생물에게 유해하기 때문에 자기방위의 본능이 이것에 대해서 혐오의 감정을 일으킬 뿐, 과학적인 관점에서 보면 아무런 그와 같은 혐오의 원인이 될 이유는 없는 것이다. 호랑이는 어린이들에게는 위협적인 존재이지만 사냥꾼에게는 매력적인 존재인 것이다.

시적인 관점에서 보면 시인들은 이에 대해 갖가지 아름다운 말로 의상을 입히고 있다.

    그를 땅 속에 뉘어라
    그의 아름답고 청결한 육체로부터는 오랑캐꽃이 피어나리라
    그의 재 속에서 조국을 지키는 혼이 용솟음쳐 나오리.

등의 시는 동서고금을 통해 얼마든지 있다.

정원의 흙은 식물이나 동물의 물질적인 잔해의 시체수용소이며, 어떤 점에서 보면 죽음과 부패의 상징이라고 할 수 있다. 그러나 씀바귀는 부패물더미를 감추어 주고 들장미를 그 위에 꽃피움으로써, 자연은 이들 부패물을 또다시 아름다운 것으로 바꾸는 데는 시간만 있으면 된다는 것을 가르치고 있다. 시체는 본래의 모습으로 되돌아 오는 것이 아니라 변천이나 변이(變異)해 가는 것이다.

육체의 눈에 보이는 형태는 우연의 산물이 아니다. 그것은 그 내부에 잠들어 생기를 부여하는 생명이라는 본질이 만들어내는 사실에 의해서 만들어진 작품이며, 또한 참다운 인격의 주위뿐만 아니라 그 몸의 주위에도 애착의 정이 따라붙게

마련인 것이다.

  그것은 하나의 기념품인 것이다. 조금 전과 같은 서정시를 읽는 사람은 그 사람에게 달라붙어 있는 감정을 알고 그 사람의 역사를 느끼고, 그 사람의 살아 있는 상태도 느낄 것이다.

  이러한 서정시에서 그 시의 표면에 나타난 이상의 일을 알 수 없는 것은 의심할 여지가 없다. 그러나 현재는 그 이유가 이해되고 있지 않은 단 한 가지 방법에 의해서 그것을 알 수 있는 방법이 있다.

  어떤 감각을 지닌 사람들은 자기와 관계가 없는 종류의 서정시, 작은 물품의 단편, 사람의 소유물 등으로 그 사람의 역사, 인간관계 등에 대해서 직관적인 통찰이 가능하다는 것은 미신적인 것처럼 들린다. 그러나 이것은 경험상의 사실인 것이다. 이 능력은 심령감정(心靈鑑定)*이라 불리는데, 이는 수맥탐사인(水脈探査人)*의 일보다도 이해하기 힘들다. 심령감정에 관해서 다른 책에서도 많이 언급되어 있지만 나는 여기에서 한마디 더 부가해 두겠다.

  이 사실의 뜻이 만약 정확하게 이해되었을 때에는 그것은 마음과 물질의 관계를 이해하기 위해 어떤 빛을 던지리라고 나는 생각한다. 그리고 대부분의 반과학·반미신적인 분야의 어둠도 밝혀지리라 믿는다. 그러나 그때까지는 이 평탄하지 않고 위험도 많은 분양에는 조심성있게 걷든가 아니면 깊이 발을 들여 놓지 않는 쪽이 대부분의 사람들에게는 안전하

---

*심령감정 —— 물체에 접촉하여 그 물체의 과거·미래의 운명이나 소유주, 그 밖에 그 물건과 관련된 모든 것을 안다는 신비적인 능력.

*수맥탐사인 —— 나뭇가지를 가지고 땅 위를 거닐며 나뭇가지의 감촉으로 수맥을 알아내는 능력을 가진 사람.

리라.

5) 과거·현재·미래

우리의 실제의 경험은 기묘하게 한정되어 있어서 현재라고 부르는 일순간으로 밖에는 우리는 직접적으로 바깥 세상을 파악하지 못한다. 하지만 우리의 실재의 존재는 이보다도 넓게 과거·현재·미래 속에 동시에 살아 있는 것이다.

현재가 현재만의 것이라면 그것은 우리에게는 아무런 뜻도 갖지 않는 것으로 밖에는 생각되지 않아 단조롭고 지루한 것에 지나지 않을 것이다.

우리는 기억의 과거, 실제의 현재, 전망의 미래를 동시에 자기 것으로 해서 살아 가고 있다. 따라서 어디서 왔다가 어디로 가는가 하는 것이 인간의 관심의 대상이 되는 것은 이 때문인 것이다. 그래서 인간의 사후의 존재라는 것도 생생한 뜻을 지닌 중대한 문제가 되는 셈이다.

죽음을 소멸이 아니라 이탈이라고 한다면, 그 이탈의 맞은 편에서는 틀림없이 정신적인 활동 주체가 계속 살아가고 있어 그것은 마찬가지의 다른 정신적 활동 주체와 상호교류를 가질 것이다. 텔레파시의 사실은 육체적 기관이 의사의 유통을 위해서 반드시 없어서는 안되는 것이라는 사실을 증명하고 있다.

마음은 다른 마음에 직접적으로 통하여 물질적인 수단에 의하지 않고도 그것을 자극할 수 있다는 것이 밝혀지고 있다. 물질세계에 속하지 않더라도 '활력'에 의해서 만들어진 구조를 통하여 영향력을 행사할 수 있는 것이다.

그러나 그것이 어떻게 행하여지는가는 모른다. 우리가 그 일에 익숙하지 않은 이상, 그와 같은 교류가 가능하다는 것

제Ⅱ부 [해설]-死者는 살아 있다   181

은 기묘하여 깜짝 놀랄 일이라 생각된다. 하지만 그러한 곳에서는 마음은 스스로 쭉쭉 뻗어 지배적이고 활력이 있는 것으로 되어 있어서 이미 정신이 물질세계를 통해서 도움을 구할 필요같은 것은 없어지고 있다.

뇌나 신경의 구조적인 따분한 작용도 사라지고 육체인 물질세계에 속박되어 있다는 공간적인 관계도 소멸한다고 상상하는 것이 불가능하지도 않다.

경험은 우리의 지표(指標)이다. 그러나 이 특수한 영역에 관한 실제의 관찰이나 실험에서는 선입감이나 편견 등으로 눈을 감는 사람들이 과학적이라고 불리는 사람들 속에 매우 많다. 그러나 이것은 참으로 비과학적인 태도이다.

어떤 사람들은 육체를 떠난 마음에 활동력이 있다는 것을 생각하는 것은 어리석다고 하며, 어떤 사람들은 그것은 신을 숭앙하지 않는 것이라 하며, 어떤 사람들은 현명하게도 자신의 무능력을 들어 이 분야의 딤구로부터 꽁무니를 뺀다. 그러나 이것이 확인되어야 할 사실이라고 한다면 개척자에게는 그것을 확인하려고 노력할 의무가 있을 것이다.

6) 마음과 물질의 상호작용

생명・마음・의식이라는 것은, 그 정체가 어떤 것이든 물질의 영역에는 속하지 않는 것이다. 물질을 이용하고 거기에 지배력을 행사하지만 이들 물질이나 에너지와는 완전히 다른 무엇인 것이다.

물질은 에너지에 의해서 진행되거나 움직여지거나 하지만, 가끔 생명이나 마음의 명령에 의해서도 그렇게 움직인다. 마음은 힘을 행사하지 않으면 물리적인 영역에 들어오지는 않는다. 그러나 그것은 마음이 간접적인 방법으로, 만약 그렇게 하지 않았더라면 생기지 않을 듯한 결과를 낳는다.
  그것은 움직임이나 조직, 구성을 그 성격에 따라서 만들어 낸다.
  새는 깃털이 나면 둥우리를 만든다. 생명은 그것을 어떻게 지시하고 어떻게 완성시키는가는 하나의 신비이지만, 거기에는 일련의 절차만 있을 뿐이다. 하나의 씨앗의 성장에서 매가 하늘을 나르기까지, 생명을 조직하고 지시하는 힘이 물질을 지휘하고 있음은 분명하다.
  정신이 물질에 대하여 우위에 있음을 누가 의심한단 말인가? 이 사실은 작은 예로도 나타나지만 보다 큰 분야에 대해서도 마찬가지이다.
  마음과 물질 간의 상호작용이 만약 정말로 일어나는 것이라면, 그리고 쌍방 모두가 항상 존재하는 '본질'이라면 그 상호작용이 일어나는 가능성의 영역에는 제한이 없다——그 제한은 미리 설정되는 것은 아니다. 우리는 다만 경험에 의해서 인도되고 가르침을 받고 있을 뿐이다.
  그 만들어 내는 결과가 신기한 것인가 어떤가는 단지 우리의 지식이 어느 정도인가에 의해서만 판단될 뿐이다. 백인을 처음 만난 원주민들은 백인을 초자연적인 존재로 생각했을 것이다. 편지·총, 게다가 구두창이라도 미신의 재료가 될 수 있다.
  일상적으로 익숙해진 자연과 비교하여 그것을 초월하는 힘이 존재할 때, 대부분의 사람들은 종교나 미신적인 태도로 여기에 응하게끔 되어버린다.

  7) 마음과 뇌수(腦髓)
  기억은 뇌 속에 있다고 흔히 생각되고 있다. 또 확실히 기억이 나거나 쓰여지거나 입으로 표현되거나 할 때에는 뇌 속에서 어떤 생리적인 과정이 작용하는 것은 틀림없는 사실인 것이다. 그러나 이것은 기억이 뇌 속에 있는 것을 의미하는 것은 아니다.

감정적인 것의 총체의 저수지 속에서 한 가지 생각을 끄집어 내어 필요한 신경과 근육을 자극하여 기억을 재생하기에 알맞는 상태로 만들기 위한, 어떤 능률적인 방향이나 이미 마련되어 있는 통로 같은 것이 뇌 속에 있음에는 틀림없지만, 그래도 역시 기억이 뇌 속에 있는 것은 아닌 것이다.

어떤 일을 기억하기 위하여 사람은 그것을 노우트에 쓴다. 그리고 이 경우에 기억은 뇌속에 있는 것과 똑같은 정확성으로 노우트 속에 있다고도 할 수 있을 것이다. 하나의 생리적인 과정이 그것을 노우트 속에 쓰게 한다. 거기에는 하나의 생리적인 배치가 존재한다. 그리고 이것과 반대되는 생리적 과정이 되풀이 될 때 그것은 사람이 단순하게 노우트를 '본다'고 부르는 행위에 의해서 기억 속에 되돌아 온다.

그러나 참다운 기억은 언제까지나 마음 속에 있는 것으로, 노우트 속의 '예금'은 그것을 불러내고 재발견하기 용이하게 하기 위한 수단에 지나지 않는다. 그리고 그 주의는 뇌 속의 어떤 부분에 집중하든, 노우트의 어떤 페이지에 집중하든 거의 문제가 될 것임에 틀림없다. 주의는 그 자신은 감정의 과정이어서 설사 생리적인 부수행위를 수반하더라도 그 자신은 생리적인 과정은 아닌 것이다.

이상은 마음과 물질의 관계라는, 우리가 당면한 문제에 있어서 열쇠가 되는 중요한 일인 것이다. 이것은 이 책 속에서도 논의의 대상이 되고 있는 부분이라고 생각되므로 좀더 자세하게 설명해 두겠다.

흔히 사용되는 비유에 이런 것이 있다. 그것은 생물의 습관과 기억, 게다가 무생물의 물리적인 과정의 반복을 대비시키는 것이다.

예를 들면 신축하는 나선형의 용수철(스프링), 이것은 전에 감겼을 때의 기억을 다음에 틀어진 것을 풀 때에는 되찾는다. 또 톱니는 몇 번씩 되풀이 해서 회전하는 동안에 자연스럽게 회전하게 된다는 것이 이 종류의 예이다.

다른 한편의 예는 오랫동안 사용된 바이올린은 보다 좋은 음색을 내게 된다든가, 몇 번씩 사람이 지난 길은 사람의 다리에 잘 익숙해지게 된다는 것이다.

일부가 잡초에 덮여져 모양이 변했을 뿐인 꽃밭은 그 잡초 사이에서 구근(球根)이나 거의 잊혀지고 있던 식물이 싹을 돋을 때에는 본래의 형태를 나타내게 된다.

이 최후의 예는 무생물의 세계가 아니라 의식이 없는 세계에 분명한 기억이 있다는 것을 나타내는 충격적인 예이다. 동물의 세계를 볼 때와 같은 예가 식물세계에서도 나타남을 말해 주는 것이다. 종족 본능의 기억의 놀랄만한 예를 설명한 것으로 여겨진다.

동우리 속에서 방금 알을 깨고 나온 새끼 새가 정확하게 모이를 찍어 먹는 일 등······. 갓 태어난 새의 뇌 속에 경험이 잠들어 있기 때문인 것이다.

성장한 동물의 뇌 속에는 저장된 기억이 있어서 이것이 행동을 용이하게 하는 역할을 하는 것은 놀랄 일인 것이다. 그러나 이것은 역시 기억 그 자체, 또는 어떤 종류의 의식이 뇌 속에 자리를 차지하고 존재한다는 것을 말해 주는 것은 아니다.

확실히 뇌라는 것이 없으면 적어도 이 지구상의 생명 활동에 관해서는 의식은 밖으로 나타나지도, 또 다른 사람에게 이해되지도 않는다고 하더라도 말이다.
 프로티너스*는 이 사실을 극단적인 표현으로 말하고 있다. "기억에 관한 한 육체는 방해물에 지나지 않는다……언제나 불안정하고 동요하고 있는 육체라는 것의 성질은 기억을 위해 도움이 되기 보다 잊기 위한 일에 도움이 된다. 육체는 정말로 한 곳에 머물지 못하는 망각의 강이다. 기억은 영혼에 속해 있는 것이다."
 사실의 실제의 재생(기억을 불러일으키는 일)──기억을 밖에 나타내는 일──을, 기억을 실제로 하는 것이 뇌나 근육의 구성에 의해서 행해지고 있는 것은 사실이다. 그러나 기억 그 자체는 본질적인 감정으로서 최초로 기억을 받거나 기억해 둘 때에 작용하는, 육체적인 구조를 떠나서도 존재한다는 것이 확인되고 있다. 그리고 그것과 마찬가지이거나 또는 그것과 똑같은 역할을 하는 구성 작용없이 인간이 기억을 알 수 없고, 따라서 그것 없이는 사람에게 기억을 나타낼 수 없다고 하더라도 나의 경험으로는 기억의 재생에는 그것을 기억 저장할 때에 필요한 것과 같은 기관이 절대적으로 필요한 것은 아님이 명백하다. 물론 똑같은 기관을 사용하는 것이 가장 용이하고 효과적이긴 하지만.
 에디슨의 축음기도 초기의 것은 녹음과 재생에 똑같은 장치를 쓰고 있었다. 그러나 후에는 이 두 가지는 별개의 장치로 분리하게 되었다.
 이것은 기억이라는 정신적인 저장물이 그 내용물의 일부분을 다른 생명체에 전달하는데 텔레파시적 또는 원격정신

───────────
*프로티너스──신(神) 플라톤 학파의 철학자(205~207).

감응* 방법을 써도 가능하다는 것을 나타내는 기술적인 작용과 비유가 된다고도 할 수 있다.

그러나 의심스럽고 불확실한 것이라고 생각되기 쉬운 이런 종류의 것을 떠나서 생각해 보더라도 뇌와 의식의 관계에 대해서는 어떤 사실이 존재한다. 이것은 널리 인정되고 있는 일이지만 잘못 해석되고 있는 경우가 많다. 즉 뇌에 상처를 입히면 의식을 잃는다.

'잃는다'는 말은 정확하게 말하면 '파괴된다'는 것은 아닌 것이다. 상처를 고치면 기억이 되살아 나는 것이다. 즉 의식은 정상적인 외계에 대한 반응이 다시 한 번 일어나는 것이다.

우리들이 뇌의 상처의 결과에 대해서 말하는 경우는 대개가 의식을 나타내 보이는 일에 관해서 말하고 있을 뿐인 것이다.

의식의 외부 표현에는 육체기관의 사용이 불가결하다. 만약 육체기관이 존재하지 않는다든가 몹시 충격을 받았을 때에는 의식의 외계에 대한 정상적인 표현이 불가능하다. 그러나 이 사실은 잘못 해석되기가 쉽다.

일반적으로는 물리적 현상에 대한 감각은 감각기관이나 신경·뇌수를 통과하지 않고 받을 수는 없는 것이다.

물리적 현상에 대한 착수, 그것을 시작하는 것은 뇌수·신경·근육을 통하지 않고는 일어나지 않는다고 한다. 물리적 현상을 떠나 의식이라는 것의 존재를 알 수 없다.

하지만 우리는 그 때문에 의식이 존재하지 않는다고 단정

---

*원격정신감응──보통의 감각기관을 통하지 않고 감각을 보내거나 받거나 하는 일.

할 수는 없는 것이다.
 일반적으로는 이와 같이 완벽하고 엄밀한 사물의 측면을 말할 필요는 없다. 그것은 부정확하고 경솔한 표현방법 때문에 잘못된 견해가 유포되고 있을 경우에 필요할 뿐인 것이다.
 모토 박사는 중추신경 조직의 기능에 관한 유명한 논문 속에서 "의식에는 항상 산소의 공급이 필요불가결하다"고 말하고 있다. 이 말의 뜻은 매우 명료하다. 그러나 엄밀하게 분석해 보면 이 말은 지나친 말이다.
 우리는 산소나 그 밖의 어느 것도 의식과 관계가 있는 물질에 대해서는 진실을 모른다. 박사의 말이 참으로 뜻하고 있는 것은 "산소의 공급이 없으면 의식은 그것을 물리적인 신호에 의해서 밖으로 표현할 수는 없다"는 뜻이라고 나는 생각한다.
 의식의 물리적 표현이 부분적으로 서해되있을 경우, 예를 들면 뇌의 언어중추만이 장해를 받았을 경우 등의 예는 다음과 같이 설명될 것이다.
 이 때에 단지 입의 근육에만 의지한다면 우리는 의식이 이탈해 버렸다든가 또는 의식이 존재하지 않게 되었다고 말할지도 모른다. 그러나 팔의 근육은 아직도 뇌의 조정의 지배 하에 있어서 쓰는 일로 인해서 의식은 항상 존재하고 있음을 나타낼 수 있다.
 이것은 단지 지껄인다고 하는, 의식을 표현하기 위한 하나의 간단한 방법이 억제된 것에 지나지 않는다. 어떤 경우에는 억제가 보다 광범위할 경우도 있을 것이다——그러나 부분적인 점에 대해서는 우리는 많은 것을 알고 있다.

나는 '혼'이라는 말의 뜻을 좀더 큰 분모로 확대한다──그러면 분모의 크기가 그 분수를 아주 작게 한다──그리고 가설적으로, 단지 개인의 사후의 생존만이 아니라 모든 생명형태의 사후의 생존을 인정한다. 개인적인 인격에 관해서는 그것은 그것이 이미 존재했던 곳에서 잔존한다. 그리고 그 존재는 그곳에서 장래를 향해 영원히 계속해서 존재한다. 그러나 개인성·인간성을 떠나서 생명 그 자체의 잔존으로서는 그것은 좀더 활동 범위를 확장시켜서 생각해도 좋다.

물질은 도구나 생명을 나타내는 수단이지만 그것이 유일하게 가능한 수단이나 도구라고 한정된 것은 아니다. 우리는 몸의 조직을 만들어 내기 위해 물질을 이용하고 있다. 그러나 몸의 조직이 끝났을 때에도 '생명이 지닌 형성 능력'은 아직도 남아 있다. 그래서 그 형성 능력은 '물질적인 세계 이외에도 형성 능력'을 행사한다고 기대할 수가 있다.

만약 이 가설──이것은 분명히 가설이지만──이 정말이라고 한다면 모든 생명 형태가 가능해진다.

진화의 과정이 현재의 단계까지 진전할 수 있었음을 보아 현재는 아직도 알려져 있지 않은 조건 하에 장래의 방향으로 똑같은 일을 해준다고 생각할 수 있는 것이다.

나는 감히 말한다. 비물질적 존재의 세계라는 것은 장래는 지금 우리가 그렇게 생각하는데 익숙해 있는 것보다도 훨씬 낯익은 것이 될지도 모른다고.

게다가 우리의 눈에 보이는 물질적인 육체만이 모든 생명이 가질 수 있는 유일한 몸이라고 누가 감히 말할 수 있겠는가? 어찌하여 사물은 영적 세계 속에서 그 물질적인 육체의 영적인 조각을 가지고 있으면 안된단 말인가?

아마도 모든 존재는 그 영적인 조각을 이미 가지고 있는 것은 아닌가? 우리의 감각은 그 물질적인 조각만을 알고 있을 것이다. 그러나 나는 그것을 정확하게는 모른다.
  이런 생각은 바보같은 생각으로 보일지도 모르지만 그러나 증거가 그쪽 방향으로 나를 이끌어 간다면 나는 이유없는 저항을 하는 일 없이 그 방향으로 따라 가겠다. 여하튼 진실은 발견되어지기만을 기다리고 있을 것이다.

잔존인격이 믿기 어려운 이유

어린아이처럼 사실 앞에 꿇어안고, 그리고 모든 선입관을 버려라.
어느 곳의 어떤 심연으로 자연(自然)이 그대를 데리고 가더라도 그곳을 솔직하게 따르라

─ 토머스 헉슬리

사람들은 사람이 죽은 후의 잔존인격을 믿는데 커다란 곤란을 가끔 느낀다. 마찬가지로 '저승'이라고 불리는 세계의 존재를 믿거나 실감하거나 하는 것도 어렵다. 그러나 그런 것을 생각하면 실은 이승의 존재를 믿는 것도 역시 어려운 일이 아닐까? 존재라는 것을 믿는 일은 어떤 존재나 마찬가지로 어렵다.

존재의 모든 문제는 참으로 사람을 당황하게 한다. 그렇다고 하여 그것을 선경험적(先經驗的)으로 단언할 수는 결코 없다. 모든 것은 경험의 문제, 즉 사실의 문제이어야만 한다.

우리들은 경험에 의해서 어떤 일이 실재로 존재하고 있다는 것을 안다. 우리는 다른 일에 대해서는 아무런 경험도 가져서는 안 된다는 입장을 만약 기준으로 했을 경우, 우리는 자기 자신에 의해서 잘 알고 있는 것 이외에는 어떤 존재도 있을 수 없다고 생각할 수밖에 없었다.

그러나 이것이 바로 현재 내가 문제로 삼고 있는 것이다. 우리는 이승의 존재 이외에는 어떤 존재에도 직접적으로나 간접적으로 어떤 증거를 가지고 있지 않다.

제Ⅱ부 [해설]-死者는 살아 있다   191

만일 가지고 있다고 한다면 그 존재에 대해서 그 존재의 실제성을 믿는 일이 곤란하다고 운운하는 것은 쓸데없는 일인 것이다. 우리는 사실에 의해서 충분히 경험할 수 있는 것이기 때문이다.

인류의 현재로 보아 천문학의 관찰 사항 이상으로 확증되고 널리 받아들여지고 있는 과학상의 사실은 별로 없다. 별의 크기나 거리, 터무니없이 많은 별, 태양계같은 것이 우주 가운데 무한히 흩어져 있는 것 따위는 사람들에게는 이미 실존재의 사항들이다. 그러나 어떤 일을 마음에 상상할 힘이 있는 사람이 있어 실제 이들 사실을 정말 손으로 잡을 수 있다 하더라도 그것은 너무 지나친 것이어서 오히려 믿기 어렵게 될 것이다.

태양은 지구보다 백만 배나 크나, 알쿠투르스 별은 또 태양보다 백만 배나 크며, 그리고 뉴욕과 런던을 20분의 1초도 걸리지 않고 왕복하는 속도의 빛으로 그곳에서 지구로 오려면 2백년이 걸린다——이러한 사실은 국민학생도 알고 있다. 그러나 이 엄연한 사실은 실로 공포감마저 일으키게 하는 것이다.

지구는 외계에서 보면 눈에 띄지도 않는 티끌같은 것으로, 우리가 그 위에서 살고 있는 세계는 무수하게 많은 별의 무리 중의 아주 작은 하나의 별에 지나지 않는다——는 사실은 거리·기차·관공서 같은 낯익은 것에 기반을 둔 존재에 대한 광경을 실감시키고, 일상적인 경험과 궁극적인 현실 사이의 비율을 감각시키는 것이리라.

유럽 전체의 큰 문제라고 하더라도 '그것은 결국 개미의 장난인 것이다. 태양의 백만 배의 백만 배 빛이 빛나는 빛속에서는……' 이라는 것이 될 뿐인 것이다.
 그러나 또한 인간의 영혼도 개개의 개인에게는 무한한 가치, 인간에게는 그 무엇보다 큰 중대성을 지닌 것으로 이해되지 않으면 안된다. 그리고 또 존재의 가능성을 좁게 한정시킨 것에서 그것을 넓게 확대시키는 일도 하나의 중요한 일인 것이다. 물질적 존재의 다양성·다면성·장대성은 인간의 마음을 오무라들게 하지 않는다.
 존재의 가능성을 넓게 하는 일은 인간 드라마가 연출되는 무대를 빛나게 확대시킬 것이며, 우리들에게 무한한 가능성이 있는 세계가 항상 존재하고 있다는 것에 대하여 항상 마음의 준비를 시키게 될 것이다.
 우리가 그와 같은 가능성의 세계에 대해서 아주 조금밖에는 알지 못한다는 것은 무엇을 증명하는데 도움이 되지 않는다――예를 들면 눈에 보이는 세계의 모든 존재, 우주의 존재의 터무니없는 다양성에 대하여 우리가 얼마나 장님에 가까운가를 쉽게 알 수 있을 뿐이다.
 낮 동안의 일이 끝날 때까지, 우리의 큰 별(태양)이 지평선 저편으로 그 모습을 감출 때까지, 그리고 밤하늘이 맑게 개어 있을 때가 아니면 우주의 장려함마저 우리의 주의를 끄는 일은 없지 않은가?
 아니 그때조차도 땅 위의 대기가 좀 짙을 때에는 인간은 지상의 세계 이외의 어떤 세계의 존재도 느끼지 못하는 것이다.
 이런 상황 아래서도――그것을 피하기란 어렵다――인간의 우주에 대한 개념은 불행하게도 얼마나 빈약한가!
 과학·역사·문학의 어떤 분야의 연구자 모임이든, 만약 그들이 이미 확립되고 조직된 지식의 체계를 바탕으로 해서 그들의 시계(視界)에 들어오는——그 시계는 내 생각으로는 반은 눈을 감고 있는 세계이지만——사실에 대해서 주장할 수 있는 존재의 한계, 있는 듯이 여겨지는 경계에 관한 불확실한 환상만 가지고서 그것을 자신들의 일을 재는 지평으로 삼고 있다면 그것은 또 얼마나 한심스런 일인가.

이들 연구자는 그들의 열성과 지금까지의 실적을 스스로 칭찬하는 한편, 우리가 다른 분야의 사람들과 손을 잡고 쌓아 온 성과에 대하여는 의심과 경멸의 합창을 부를 뿐인 것이다. 그러나 우리는 이런 종류의 부당하고 소극적인 경향을 모르는 바 아니다.

그것은 이제 확증된 진실 속에 아름다운 골격을 이루며 빛나고 있는 것 주위에 기생충적으로 붙어서, 참다운 모습을 가려 온 과거의 잔재를 깨끗이 털어버림으로써, 그 참다운 모습을 밝혀 온 선인들의 업적에 대한 신뢰, 그리고 상투적인 우상 파괴자로부터 진실을 방위한다는 명제아래 그들의 정열을 불태우고 있는 것이다.

다아윈주의자나 그 계통의 가설에 성공한 과학자들 뿐만이 아니라, 역사나 신학의 연구자들조차 사실에 대한 과도한 신뢰, 부당한 평가에로 이끌려 가는 경향을 지녀 왔다.

그래서 이런 말까지도 할 수 있었던 것이다——나는《다아윈과 근대과학》에서 인용한 것이지만——'과학적 유물주의 시대는 사실로부터는 동떨어진 시대였다. 그리고 과학시대는 반대로 끈기있는 탐구를 보다 거부하는 시대였다.' 나는 이처럼 극단적으로는 생각지 않는다. 이 설에는 과장이 있다.

그러나 그들 자신이 완고한 독단과 선입관(先入觀) 속에 틀어박혀서 전투적인 자세를 취하고 있는, 살아 남은 과학적 유물주의에는 한심스런 경향이 있음은 분명하다. 그들은 이 완고하지 않은 성을 솔직하게 시인하기는 커녕, 기록된 사실에 대한 방벽이라 생각, 그 성을 반대의 입장에 서 있는 자를 타도하는 도구로 삼으려고 한다.

사자(死者)와의 교신 방법

마음은 다른 마음에 대하여 어떻게 마음을 전하는가? 우리가 흔히 사용해 온 방법은 기묘하게도 모두가 간접적인 방법뿐이다.

스피치(말하는 것)는 두뇌와 신경의 통제 하에 입의 근육을 움직여 공기 속에 엷은 파장을 만들어내는 것으로서, 이것을 다르게 표현하면 연못의 표면에 파문이 퍼져가는 것과 같은 현상이다. 공기의 파문은 그 자신은 아무런 심리적인 의미도 지니고 있는 것이 아니다.

연못 가운데의 물의 파문과 마찬가지로 단순히 기교적인 것에 지나지 않는다. 마치 레코오드의 표면에 파여진 파문처럼 연못의 파문보다는 연구를 한 것이지만, 이것은 그 안에 포함되어 있는 코오드(통신의 신호)의 작용에 의해 의미를 부여받는 것이다. 그러나 이 코오드는 사람이 외국어를 배울 때에 느끼는 것 같은 저항없이 배울 수 없다.

음파는 어떤 점에서는 무선통신의 발신장치로서, 감수(感受)되고 공적으로 만드어진 코오드를 전하는 것이다.

듣는다는 것은 신경의 말단을 자극하는데 알맞은 기법에 의해서, 방금 설명한 공기의 파도를 받아들이고 마지막에는

제Ⅱ부 [해설]-死者는 살아 있다   195

뇌 속에 있는 청취(聽取) 중추에 보내져, 발신자가 의도한 것과 똑같은 의식으로 그 자극을 번역시키는 것이다.

모든 과정은 그 때문에 준비되어 있는 생리적 기법에 의해서 너무나 빨리, 그리고 간단하게 행하여지기 때문에 이러한 간접적이고 경탄할 만한 과정은 보통 때는 관심도 두지 않고 있는 것이다. 그리고 너무나 당연한 일로 여겨지고 있다.

무선통신은 이에 비하여 좀더 놀랄만한, 상식적인 것이 아니기 때문에 조금은 사람의 주의를 많이 끌게 되는 것이다.

종이 위의 어떤 표시를 '쓰는 일' '읽는 일'은 공기 대신 눈만을 매개로 하여 써서 쓰여진 것이나 그것이 읽힐 때, 그것은 머리 속에서는 소리를 들었을 때와 마찬가지로 해석되고 있다.

쓰고 읽을 경우는 그 전달방법이 기묘하게 인공적인 간접성을 지니고 있어서 쓰고 읽는 안에, 즉 통신·수신 사이에는 아무런 긴 시간의 경과──설사 몇 세기라도──도 있을 수 있다.

대화나 음악도 이와 마찬가지이다. 한편으로는 그림물감의 과정이, 한편으로는 기묘한 수단에 의해서 만들어진 까다로운 진동이 화가와 감상자, 작곡자와 청중, 보다 일반화시켜서 말한다면 발신자와 수신자 간의 의식을 전달하는 것이다.

이와 같이 간접적이고 기묘한 방법으로 전달되거나 축적되거나 하는 생각이나 감정이 수신자의 마음에 틀림이 없는 확실성으로 영향을 미치는 것은 경험이 증명하는 사실이다. 그러나 물질 가운데 축적된 것이 이처럼 순수하게 정신적인 효과를 만들어 낸다는 것은 마음이 지닌 능력, 마음에 전에 알려져 있던 경험이라는 것을 제외하고는 설명할 수 없는 것이다. 물질의 영역, 물질이라는 술어만으로는 어떤 심리적 (心理的)인 영향도 설명할 수는 없는 것이다.

물질은 마음과 마음의 통신의 간접적인 중개자일 뿐이므로 물질에 의한 물리적 기법의 중개 없이도 마음과 마음 사이의 텔레파시적인 직접적 교신이 있어도 그것은 놀랄 일이 아닌 것이다.

그것은 확실히 증명되지 않으면 안되는 것이지만 그 사실은 우리가 별로 익숙하지 않은 다른 사실에 비교한다면 그 이상으로 우리를 곤란케 하는 것은 없다.

물리적인 것은 뇌를 통해서만—— 만일 그것이 가능하다면—— 의식에 달할 수 있다. 우리가 다른 마음으로부터 텔레파시를 받아들이는 일이 가능하다 하더라도 물리적인 것에 관해서는 이것은 사실인 것이다.

또 반대로 뇌를 통해서만 우리는 의식적인 의도를 물질적 세계에 대하여 작용시킬 수 있는 것이다.

다른 의식이나 정신적인 직접적인 교신에 관해서는 우리는 만일 특별하게 느끼는 일이 없으면 '죽어서 잠들어 있는 자'인 것이다. 그러나 반수면 상태에서는 이 반대의 일이 일어나, 보통은 휴식·수면상태에 있어도 직접적인교신이 보다 가능해진다.

여하튼 이것은 어떤 종류의 사람들에게는 사실인 것이다. 우리는 완전히 제 정신이지만, 약간 예외적인 상태에 있을 때에는 습관적인 뇌수의 제약이 있게 되든가, 있을 가능성이 있는 사람들을 약간 알고 있다.

그들의 마음은 때로는 이완된 정신일 때 보다 직접적인 영향을 받아들이게 된다. 그들 마음이 쓰인 부분, 즉 마음의 잠재층이라고 불리는 부분, 물리적인 일에는 보통은 쓰이지 않는, 잠재의식의 영역을 통해 받아들이는 것이다.
 이런 사람들, 즉 예외적이어서 사실은 극히 단순한 능력을 지니고 있는 사람들에게 일어나는 사상(事象)은 일상적인 존재에 대한 증거가 모호하고 그것이 일상적인 성질의 것이 아니라 하더라도.
 또한 우리가 그러한 문제를 검토할 수 있고 받아 들여진 사실에 대한 설명을 비판할 수 있다면 그 불가능을 주장하는 선입관념에 의해서 이 사실을 부정, 그 결과의 판단을 거부하는 태도에는 아무 뜻도 없다.
 일찍이 자기가 품고 있던 신념이 무너지는 것을 두려워하여 목성의 위성을 보려고 하지 않았던 자도 있었다. 또 얼마 전까지만 해도 만약 그 실험이 실패하면 자기가 지닌 시각상의 이론이 뒤집힌다고 해서 빛의 원추굴절의 실험을 보지 않으려던 수학자도 있었다.
 이와 마찬가지로 오늘날 일상적인 영역 이외의 교신양식이나 그것으로 얻은 사실에 대하여 그것을 거부하고 연구하는 일조차도 비난하는 사람들이 있음은 사실이다. 그들은 그 부정적 편견을 유지할 만한 지반도 스스로는 가지고 있지 않음에도 불구하고.
 그러나 그들의 조직은 다른 작은 조직과 마찬가지로 크게 떠벌려대는 일도 있지만 이윽고 사라져버린다. 우리는 그 조직을 지나치게 생각할 필요는 없다. 또한 우주의 사실이 우리의 사고의 대상영역 안으로 들어올 것이므로, 현재의 맹목이 아무리 놀랄만한 것이라도 우리가 그것에 곤혹당할 필요는 없다.
 게다가 특유한 제약을 가지고 행하여진 물질적 측면에 대한 연구는 철저히 그에 상응(相應)한 성과를 올려 왔다. 인간의 지적 탐구 분야는 단지 현재 영역에만 한정된 것이 아니라, 좀더 다른 영역에도 퍼질 수 있는 것이다.

그러나 한편으로는, 불확실하고 야심적인 영역에 대해 눈을 돌리고 있는 사람들이라도 이미 물질계의 영역에서 이룩한 성과에 무지하다면 그들이 주장하는 새로운 영역에 대한 탐구, 영역의 확대라는 이론이 신뢰를 받지 못할 것은 뻔한 일이다.

그리고 그들이 이미 확인된 자연의 다른 영역에 있어서의 지식에 관해서 그처럼 무지하다면 그들 앞에 새로운 천지가 열리는 것에 대해 오류를 범할지도 모르기 때문이다.

그들은 한 가지 방향에서 전혀 다른 양식의 정보를 얻을 수 있기 때문이다. 이러한 지식 면의 분열, 분위기의 상위, 다른 태도가 두 개의 다른 그룹를 탄생시켜——때로는 동일 인물이 양 그룹에 속해 두 그룹의 공기를 마셨다 하더라도——상호간의 이해를 늦추고 있었던 것이다.

어느 그룹에도 상대방의 방법을 거부함으로써 자신들의 입장을 강화시키려고 하는, 싸움하기 좋아하는 인종이 있다. 그러므로 만약 웰레스나 클룩크*와 같은 인간, 즉 요컨대 한 사람이 다른 방법으로가 아니라 범위 내에 있어서 실험적 탐구 방법을 통해서만 정당화 되는 것이다——이 없었다면 새로운 영역, 그리고 궁극적으로는 종교의 영역과의 경계선 상에 있는 이 영역의 과학적 전망은 열리지 않았을 것이다.

이러한 인물의 존재가 세계에 종지부를 찍고 때로는 빠지기 쉬운 잘못을 저지르고 있는 오류를 제거, 현재에 있어서도 부분적이긴 하지만, 이것들이 받아들이기 쉬운 분위기를

---

*클룩크——두 사람 모두 심령문제를 연구한 과학자.

만들었던 것이다.

　우리는 서두를 필요는 없다. 그러나 이 새로운 지식이 사람들의 슬픔을 덜어 주는 것이라면 그 진보가 빠르기를 바라지 않을 수 없다. 그리고 또 우주에 대한 인간의 연구의 새로운 책이 펼쳐진다면 그 처음 장은 잘 정독되어야 할 것이다.

　또는 나는 자신이 영혼과 교신하고 그것을 기록하기 위하여 사용한 시간과 노력을 전적으로 죽은 친척들 사이에서만 구하고 있는가 하고 물을지도 모른다. 물론 그런 일은 없다. 나는 이 문제의 연구자이며, 그리고 연구자는 특별한 어느 한 종류에만 세세한 노고를 기울이게는 되지 않는 것이다.

　나는 여러 사람들에게 당신은 자신과 친했던 이미 저승에 간 사람이 현재도 계속 살아 있으며, 그 삶에 흥미를 가지고 행복하고 유용한 삶을 보내고 있다는——그들은 당신이 다시 한 번 함께 될 때까지 유용한 삶을 보내고 있다는——것을 알아야 하며, 사실로서 실감해야 한다고 권하고 싶다.

　이 마음을 편안하게 하는 확신을 얻기 위하여 어떤 절차를 밟아야 할 것인가는 개인적인 문제이다. 어떤 사람은 종교에서 위안을 구하고, 어떤 사람은 신뢰할 수 있는 사람의 증언에서 그것을 구할 것이고, 또 어떤 사람은 때로는 자기 자신에 의한 직접적인 체험으로 그것을 구할 것이다. 그러나 이 직접체험을 외부 사람의 손을 빌지 않고 자기 혼자의 조용한 명상에 의해서, 또는 백일몽과 같은 분위기로 얻을 수 있다면 그것은 가장 바람직한 일일 것이다.

　사람들이 해서는 안되는 일은, 생명의 잔존 가능성에 대해서 눈을 감는 일이다. 그리고 끝없는 슬픔에 자신을 맡기는 일이다.

　나는 좀더 널리 확증된 이미 존재하는 영적 조직과 연결된다면, 지금까지와는 전혀 다른 영역의 활동에 의해서 탐구되고 신앙 문제가 되어 온 세계까지도 명확히 밝혀 줄 것이다. 그렇다면 이 과학의 새로운 영역의 확장은 종교의 영역에서는 환영받을 것인가? 확실히 내가 하나의 탐구양식에 의해서 이끌어 온 결론은 보다 앞장 선 신학자들이 도달한 결론과 대립하지는 않을 것이다.

그러나 나는 과거로 부터 전해 온 교회의 철학에 관한 한 심령문제의 연구가란 입장에서는 전혀 동감을 가질 수 없다는 것을 고백하지 않으면 안된다. 실은 그들의 철학이라는 것은 보다 높고 보다 훌륭한 지식에 의해 대치되고 자연적으로 소멸될 것이라고 생각하기 때문에 그들 교회의 철학을 공격하지 않을 뿐이다.

교회 관계자는 세속적인 방법에 의해서 이러한 문제를 탐구하는 것을 공식적으로 비난한다. 그리고 이 방법으로 얻어진 결과에 큰 반응을 보이지 않는다.

영계통신의 내용

영계와의 초상적(超常的)인 교신에 대하여 현재의 과학세계가 어떻게 받아들이든, 거기에는 조금도 관계하지 않고, 자신의 직접적인 체험에 의해서 두 세계의 경계——만약 그것이 존재한다면——를 넘어 교신이 가능하다는 것을 알고 있는 사람은 많이 있다. 그 두 세계란, 우리가 동물로서의 하찮은 감각에 의해서 파악하고 있는 세계와, 우리의 지식이 아직도 한정된 것에 지나지 않는 우리 자신보다 훨씬 큰 존재의 세계인 것이다.

교신은 쉽지는 않으나 가능하다. 그리고 우리는 자기 자신이 그러한 능력의 소유를 자각, 교신의 중계자로서 우리들에게 도움이 되는 소수의 사람들에게 부탁해야 한다.

우리의 지식의 영역을 확대하고, 우리를 다만 동물적 영역을 넘은 세계의 일과 관계를 갖게 해주는 이들 능력은 다른 어떤 능력과 마찬가지로 남용되고 악용되는 일도 있다.

이 능력은 단지 흥미 본위나 현세적(現世的)이고 가치가 없는 목적, 이기적인 목적을 위해 잘못 이용되고 있는 것은 다른 지식의 경우와 마찬가지이다.

그러나 그것은 큰 슬픔에 젖어 있는 자나 친한 사람과 사별한 사람을 '위로해 주고, 애정의 굴레를 죽음에 의해서 표면적으로는 넘을 수 없게 보이는 장벽에 의해서 일시적으로 단절된 사람 사이에 그것을 연결시켜 준다는 경건한 목적을 위해서는 물론 이용될 수 있다.

장벽은 언젠가에는 절망적으로 넘을 수 없는 막강한 것이 아님이 분명해진다. 두 세계 사이의 교신은 사람이 보통 생각하는 것처럼 불가능한 것은 아니다.

교신에 관련하여 양측으로 부터 어떤 일을 배우게 된다. 그리고 차례로 수긍할 수 있는 통일성 있는 지식이 많이 집접(集積)되어 가는 것처럼 생각된다.

죽음에 의해서 단절된 애정의 굴레의 회복이 교신의 첫째 목적이 된다. 교신의 초기단계에 있어서 사자(死者)는 살아 있는 자에 대해서 인격이 사후에도 살아 남는다는 것을 확인시키고 변화된 상황이 결코 양자간의 애정을 약화시키는 것이 아님을 실감시키고, 남겨진 자의 행복은 사별(死別)에 의해서 돌이킬 수 없을 정도로 파괴되는 것이 아니라는 것을 완고하게까지 강조하는 데 힘쏟다.

이 목적을 위해서 친형제나 친구에게 어떤 영매를 통해서 교신하든, 저승의 통신자가 다른 자가 아닌 한낱 특별한 관계의 지성적 존재라는 것을 확신시키는데 적당한 숨겨진 일이나 사건이 불러일으켜진다.

이러한 통신은 그때까지 이런 일에 무관심하여 지식을 갖지 않았던 사람들로 하여금 즉각적으로 믿을 마음이 생기게 하는 일이 가끔 있다.

그러나 잘 생각해 보면 바로 거기에 어려움과 의심이 생기게 된다. 살아 있는 사람과의 정상적인 텔레파시나 그 마음을 읽는 독심술(讀心術)의 가능성이 인정됨에 따라서, 그들의 전달이 죽은 사람의 인격이 사후에도 남는다는 증거로 보는 일은 주저하게 된다──이것은 좀더 진지한 연구자나 생각이 깊은 사람에 의해서 일어날 염려가 있다. 그리고 이들 기묘하고 뜻밖의 종류의, 그리고 아마도 의심스런 점을 없애기 위해서는 거기에 있는 사람들 누구에게도 알려져 있지 않고 나중에 확인되는 종류의 사실이 무엇보다 요구된다.

이럴 때에 가끔 예외적인 교신내용은 심령문제의 연구자에게는 약간 특수한 단어인 '에비덴셜(증명된 것)'이라 불리고 있다. 그리고 이것이 받아들여지고 비판적 음미를 거친 평가를 받기 위해서는 시간과 어떤 종류의 행운도 필요해진다. 왜냐하면 두 사람의 친구 사이의 대화에서 흔히 이야기되는 일들은 대개가 서로 간의 공통의 화제로서, 서로의 지식 가운데 있는 문제에 관한 것이기 때문이다.

영계통신이라는 까다로운 방식이 발전한 것은 심령조사협회, 특히 경험이 풍부하고 비판적인 탐구가들이 죽은 후였다. 그들은 이 문제의 곤란한 점을 잘 알고 있어서 이들 곤란을 없애는데 충분히 강력한 증거력을 갖는 증거를 완벽하게, 최종적·결정적으로 하기 위한 강력하고 교묘한 방법을 취했던 것이다.

대개의 경우에서는 이만큼 완벽한 증거는 생기지도 않고 그럴 필요도 없다. 이들은 실로 전문적 연구자 이외에는 탐미할 수도 없고 이해할 수도 없는 것이다. 대개의 경우에서 효과적인 증거는 인격 여하에 따라서 여러 모로 다르게 나타난다.

가끔 얻을 수 있는 증거로서, 다른 자로서는 전할 수 없는 사소하고, 그 사람에게만 독특한 매우 그 사람다운 점을 나타내는 감촉으로서도 이것은 충분한 설득력이 있으며, 당연히 누구나 가질 수 있는 회의적인 점을 완전히 불식해 주는 힘을 지니고 있다.

　이 이상의 것은 그 사람의 훈련이나 관심 여하에 달려 있다고 할 수 있다. 이 점에 있어서 대부분의 과학적 탐구의 형식을 취한 연구가 행하여지고, 교신은 보통 생각의 정서적 또는 가족적인 교차로 차차 확대되어 간다.

　그러나 그 수는 많지 않으나 새로운 정보를 알려 주려는 요구가 생겼던 경우도 있다. 그리고 충분한 애정이 있을 때, 이것이 중요한 것이지만, 있을 수 있는 흔한 통신 이상의 어떤 통신에 대해서도 유능하고 적절한 중매 능력을 지닌 영매가 있을 경우에는 영감(靈感)적이고, 일반적인 정보를 얻게 된다.

　예를 들면, 저승으로 간 자 측에서 온 교신방법은 어떤 것인가 하는 설명이나 개요(槪要), 저승의 실제 모습에 관한 정보, 때로는 인간의 종교적 신앙상의 개념을 받아들이는데 곤란한 점을 감소시키는 지적(知的)인 시도, 그리고 전체로서의 우주에 관한 보다 광범위한 지식을 갖추려는 시도— 이들 시도가 전적으로 행해졌다. 그러나 이들의 지식은 우리들보다 조금도 넓지 않다.

　그들도 잘못에 빠지기 쉬울 뿐더러 진리를 찾고 있는 자에 지나지 않는다. 그 진리에 그들은 미(美)와 중요성을 강하게 느끼고 그것이 무한한 것이라고 실감하지만 그들의 정신상의 파악 능력을 지상의 우리들의 것과 마찬가지로 불충분한 것이라고 그들도 주장하고 있다.

　우리가 '확인할 수 없는' 통신이라고 부르는 것이 있다. 왜냐하면 우리는 그 일에 대해서 이승의 우리가 개인적이거나 세속적인 일을 하는 것과 같은 방법으로 지상의 증언대로 불러서 증언을 구할 수 없기 때문이다.

아주 중요한 정부가 제공되는 일도 가끔 있지만 이들은 좀처럼 책 같은 곳에 공표되는 일이 없다. 그 이유는 이러한 일에 어느 정도의 가치를 주어야 할 것인가, 몇 퍼센트나 신뢰할 것인가를 판단하기가 어렵기 때문이다.

그러나 나는 이 문제를 진지하게 연구하는 사람이 늘어나는 것을 볼 때, 이제 전문적으로 '확인되지 않는 일'이라고 부르는 사항에 대하여 의논할 시기가 도래하고 있다는 생각이 든다. 이들 사항을 일관성 있고 통일성 있는 점을 기준으로 선정함으로써 마치 베르그송이 말한 것처럼 '길손의 이야기'를 검토하고 검사할 경우처럼 이 문제도 검사하고 검토할 수 있게 되기 때문이다.

그러나 인간이 최초의 한 걸음을 내딛고, 이들 교신이 있을 수 있는 범위 안을 들어갈 수 있게 되기 까지는 너무 지나치게 깊이 들어가는 것은 현명하지 않다는 생각도 든다.

그러나 철학적인 입장에서는 인격이 죽은 후에도 남는다는 사실은, 엄격하게 과거의 부활(과거의 기억이라는 뜻)보다도 오히려 '길손의 이야기를' 조사하는 입장에 선 검사자나 조회자의 입장에서 증거를 구해야 한다는 것이 시사되어 왔다.

왜냐하면, 우리가 기억이라는 것에 대하여 좀더 잘 알게 될 때까지는 확실이 베르그송이 모든 과거는 초잠재의식적인 능력에 의해서 파헤쳐 질 수 있는 것이라고 상상하는 일도 가능하기 때문이다. 그러므로 사람은 분명히 개인적인 회상기록이라는 것에 부딪쳤을 때에는 회의적인 태도로 그것을 무의식적인 활동능력 탓으로 돌려 마치 테니슨을 본따서 과거의 기억을 '속삭이는 바람 소리가 들린다'고 말하는 것인지도 모른다.

그러나 나는 이 개인을 초월한 기억이라는 것을 꼭 받아들여야 할 가설(假說)이라고는 생각지 않는다.

나는 좀더 단순하게 보는 것이 진실에 가깝다고 본다. 그래서 나는 작은 사항의 기억이나 개인의 성격을 나타내는 암시에 오히려 중요성을 인정한다. 그러나 그렇더라도 나는 이러한 '확증할 수 없는 일'을 기록하고 공표하는 것을 될 수 있는 한 억제하고 참는다.

이것은 어쩌면 잘못된 정보를 그대로 받아들인 사람들로 하여금 잘못된 길로 오도할 염려가 있기 때문이다——즉 대개 이런 종류의 경험을 갖지 않은 사람들을, 이승과의 교신은 아무 쓸데 없는 성질의 것뿐이라는 결론을 간단하게 내리게 하는 견해에 반대하는 것은 아니다.

영계통신에 대한 의문에 답한다

영계통신으로 전해지는 교신내용이 전적으로 애매모호한 것이거나 무의미한 이야기뿐이라는 주장은 사실에 바탕을 두지 않은 허위적인 것이라는 것은 앞의 항에서 언급했다.
이 논의가 전적으로 사실이 아닌 점은 초상적 교신에 대하여 경험을 가진 자에게는 누구에게나 잘 알려져 있는 일이지만 나는 이 항에서는 이 문제에 관하여 설명하기로 하겠다.
영계통신으로 전해지는 사소한 일들은 실은 인격이 사후에도 남는다는 것을 증명하기 위한 보다 유익한 증거이며, 인격이 남는다는 것을 증명하고 그 사후의 인격을 지닌 인물이 틀림없이 그 사람이라는 것을 살아 있는 사람에게 확인시키는 것이 큰 목적임을 강조하지 않으면 안된다.
심령과학의 입문자(入門者)나 입이 까다로운 비평가들은 기억되기 쉬우며 확증하기 쉬운 사항은 당연한 것으로 받아들인다. 그리고 이들 사항이 믿을 만한 것이기 위해서는 그것이 많은 사람이 알고 있는 공공연한 소식이라든가 자전적(自傳的) 기록을 보면 곧 알 수 있는 것이어서는 안된다. 그래서 그들(잔존인격)은 정해진 기억의 한쪽 구석에 있는 듯한 사소한 가정에의 일이나 유우머러스한 에피소우드 따위를 이야기하는 것이다.

이런 일들은 그와 관계가 있었던 사람들에게는 애정이 담긴 기억이면서 결코 쓸데없는 일이라고는 여겨지지 않으며, 그것이 동기가 되어 이런 종류의 사항이 교신 속에서 '재생'되는 셈이다. 이상과 같은 특별한 목적을 위해서는 사소한 사항이 오히려 환영을 받고, 이들 사항에 의해서 증명이 되었을 때에는 훌륭한 증거가 되는 것이다.

 죽은 사람이 항상 심각한 문제에만 신경을 쓸 것 같은데 농담이나 장난을 기억하고 있다는 것은 이상한 일이라는 따위로 생각하는 것은 제멋대로의 요구인 것이며, 그것은 버려야 할 아전인수(我田引水)격인 생각인 것이다. 유우머가 지상의 생활에서 결코 사라지는 것이 아니라면, 어째서 저승에서는 그것이 있어서는 안된단 말인가?

 교신으로 전해지는 심각하고 중대한 일들은 설사 그것 자체로서의 값어치도 있고 흥미를 끄는 것일지라도 동일한 인물을 증명하기 위해서는 '사소한 일'이 오히려 도움이 된다. 그러나 이들 이야기는 교신의 최초의 단계가 행해지기까지는 절대로 교신중에 나오지 않는 것도 흥미있는 일이다.

 왜냐하면, 중대사는 원칙적·본질적으로 확증할 수 없는 성질의 것이기 때문이다. 이들 중대사의 기록은 지금까지 매우 많이 수집되어 있다. 나는 그 중의 하나를 선택하여 여기서 소개하겠다. 그것은 자동기술의 기록으로서, 그 사람은 케임브리지 대학교의 단과대학 학장이며 심령과학 연구분야에서는 M·A·옥센이라고 알려져 있는 사람이다.

 여기에 소개하는 기록은 그가 무의식중에 자동기술한 것으로서 《영(靈)의 가르침》이라는 책으로 되어 있는 것에서 발췌한 것이다.

옥센의 기록

 여러분은 종교가 지금까지 인류에게 해온 일, 그리고 우리가 인간의 소원·갈망에 대하여 말할 때의 올바른 정의에 대해 거의 이해하고 있지 않다. 여러분들은 지금 여러분이 처한 상황이나 생각의 양식으로써는 분명히 알 수 없는 일에 대하여 느끼지 않으면 안된다.
 여러분은 우리가 알고 있는 것처럼, 이제까지 미래에 관해서 인간이 아무 것도 모르고 있었다는 사실에 주의를 기울이지 않았음을 알아야 한다.
 인간의 미래에 관해서 생각해 본 일이 있는 사람들도 그일에 대해서는 아무 것도 모른다는 결론에 도달할 뿐이었다. 또한 그 이외에는 미래에 대해서 인간이 알았다고 말해진 것들은 전적으로 바보스럽고 모순투성이며 불만스러운 것이었다는 것을 알았을 뿐이다.
 그의 이성은 그에게 신의 제시는 다만 그 기원을 인간 속에 가지고 있을 뿐이라는 것을 알려 주었을 뿐이다. 그리고 또한 이성도 계시의 척도가 되지 않으며, 이성은 탐구의 역할을 할 뿐이고 드디어는 신앙으로 대치되고야 만다는, 종교적 허구는 성서 속에서 얼마든지 있는 오류(誤謬)와 모순을 발견하는 것을 인간에게 불가능하게 하기 위하여 교묘하게 짜여져 있는 교활한 의도라고 해명했다.
 이성으로 생각하는 자는 그것을 즉각 알아낸다. 하지만 그렇지 않는 자는 '신앙 (영〈靈〉의 신앙이라는 뜻'을 거부하는 맹신자(盲信者), 비이성적 광신자, 조금씩 그들의 가르침에 물들어 굳어진 채 있는 사람들이다. 그리고 그들은 그 이외의 것을 생각하려고도 하지 않는다는 단순한 이유에 의해서 이 구렁텅이에서 빠져 나올 수가 없는 것이다.

　인간은 종교에 관해서 생각하고 있지 않다. 믿으라고 하는 설교 만큼 인간의 마음을 비뚤어지게 하고 정신의 성장을 그릇되게 하는 것은 없을 것이다.

　이것은 전적으로 자유를 마비시키는, 정신이 발전하는 것을 불가능하게 한다. 정신은 전통적 종교──그것이 인간에게 올바른가 올바르지 않은가를 불문하고──에 압도되고 있다.

　태고적의 조상들에게나 적합했던 종교는 다른 시대에 삶을 보내는 우리에게 적합하다고는 할 수 없다.

　영의 생활도 그 출생과 지역 여하에 따라서 차이가 있다. 이것은 그가 그리스도교도·희교도·이교도·그레이트스피리트(북미 인디언의 수호신) 신봉자, 유교의 신자이든 전부 불가능한 일이다.

　하지만 이제 그 지리적 종파심은 보다 개방된 우리의 계시에 의해서 대치될 때가 되었다. 인류는 여러분 자신이 생각하고 있는 이상으로 이미 그것에 알맞은 단계에 와 있는 것이다.

　심령과학의 지고의 진리──그것이 고귀한 것인가 이성적인 것인가는 보는 사람의 판단에 달렸다──가 신의 지상으로부터의 종교적 종파심, 신학적 가혹함, 분노나 악의 어리석은 짓이나 무지 몽매와 같은 종교의 이름하에 종교를 더럽혀 온 이들 일체를 쫓아버릴 때가 온 것이다. 인간은 밝은 빛 속에 지고의 창조자와 영의 영원한 운명을 한없이 보게 될 것이다.

　우리는 너에게 고하노라! 때는 가까이 다가왔다. 무지한 어둠은 사라져 간다. 종교가 사람들에게 끼운 족쇄는 부서진

제Ⅱ부 [해설]−死者는 살아 있다

다. 너는 틀림없이 알리리라. 사자는 지상에 있던 때와 마찬가지로 살며 너에게 끊임없는 사랑으로 힘을 빌려 주고 있음을!〈이하 생략〉

옥센 박사의 이 진지한 메시지는 누군가는 아마 적의와 의혹을 가지고 지탄할지도 모르겠다. 이 메시지는 모두가 잔존인격의 첫째 전제를 확인하는 데는 적당치 않은 것 뿐이다. 만약에 이 메시지가 잔존인격의 증거의 일부로 제출되는 일이 있다면 거기에는 적의를 품고 지탄하는 측이 오히려 정당할 것이다.

이들 메시지가 입으로 말하는 형태로 받아들여지지 않은 것만은 확실하며, 또한 그 영매의 재능·능력 등을 훨씬 초월한 것으로 받아들여진 것도 아님이 확실하다.

이런 종류의 메시지는 가끔 수신하는 영매의 능력의 범위를 넘은 것이 많으며, 또한 그 송신자(영혼)로 상상되는 영을 우리가 알고 있을 경우에는 자주 그 사자의 성격적 특징을 나타내고 있는 경우가 많지만, 방금 인용한 경우에 대해서는 그 어느 쪽도 해당하지 않는다.

또 어떤 종류의 메시지도 이들 메시지가 송신되어 오는 방향에 의해서 다소의 변형을 받으며, 또한 다소 교신이 긴장된 것이 되거나 또한 수신자의 능력의 한계나 불완전함에 의해서 본래의 것과는 어느 정도 다르게 반영된다면 당연히 피하는 것이 좋다.

그러나 그것은 그렇다 치고 여기에 인용한 것과 같은 예는 때로는 소개하는 편이 적절하다고 나는 생각한다. 그것은 그 메시지가 특별히 깊은 뜻을 나타내고 있다는 이유 때문이 아니라, 자동기술이나 영매의 입으로 말해진 것은 으레 무의미하고 쓸데없는 것 뿐이라는 단순한 상상에 바탕을 둔 잘못된 설에 대한 반증이라는 이유에 의해서이다. 이러한 메시지는 ──어떤 가치가 거기에 있는가, 또는 반대로 얼마나 가치가 없는가는 관계없이── 방금 말한 바와 같은 근거가 없는 무지한 편견에 대한 강력한 반증이라는 것만은 명백할 것이다.

이런 종류의 메시지를 어떻게 사람들이 생각하든 이들은 성실한 기분으로 종교적이라고 불러도 좋은 참다운 기분과 정열을 가지고 받아들여지고 있는 것이다.

조금 전에 인용한 옥센의 자동기술의 후반에는 그 자신의 신학상의 의문이나 곤혹, 또는 이 자동기술 자체에 대한 메시지에 관해서 나쁘게 말한다면, 그것은 영매 자신이 의식적인가 무의식적인가는 불문하고 교회의 설교집이나 성서를 읽고 고의적인 비평만 한다고 볼 수도 있는 것이다. 그리고 영매는 이 문제에 대하여 어떤 점에서는 그것을 인정하는 경향도 있다고 할 수 있다.

즉 이들 메시지는 보통 꿈에 나오는 뜻밖의 광경이나 이야기와 크게 다르지 않을 수도 있다는 말이 된다. 이런 종류의 메시지를 받는 일과 꿈의 두 가지 현상에 관해서는 같은 설명을 할 수도 있을 것이다. 그러나 나는 그 설명이 어떻게 내려져야 하는가에 관해서는 아무 것도 모른다.

영계통신의 실제

　초상적 교신 방법 중에서 가장 일반적이고 쉬운 것은 자동기술이라고 불리는 방법이다. 앞에 인용한 옥센의 메시지도 이 방법에 의해서 얻어진 것이다. 자동기술은 '무의식적인 지성'을 통해서 행해지는 것이다——이것을 행하는 사람은 자기의 손을 자유로이 하고 있으면서 어떤 메시지가 오면 그것을 그대로 이쪽의 의사와는 전혀 관계없이 연필이 움직여서, 무엇이 쓰여지는가 하는 것에 특별한 마음가짐을 갖는 일 없이 써내려 가는 것이다.
　자동기술이라 하더라도 이것을 처음으로 하는 사람은 대개는 아무 것도 쓰지를 못하며 단지 무의미하게 휘갈긴 것이 되어 버리고 만다. 그러나 자동기술의 능력을 지닌 사람들은 이 방법에 의해서 의미가 있는 것을 수신하고 자신의 통상의 지각 범위를 넘은 정보원(情報源)에의 문을 열 수가 있다는 사실이다.
　만약 이 능력에 기본원리라는 것이 존재한다면 그것은 항상 기대할 수 있다고는 할 수 없지만 아마도 개발이 가능하리라. 단지 이 능력의 이용에는 주의력과 지성이 요구된다.
　사람이 만일 균형잡힌 정신, 자기반성 능력을 지닌 자세로 이것에 전적으로 전력하는 것이 아니라면 그것은 안 하는 편이 낫다.

　좀더 정도가 높은 자동기술이 되면, 자동기술을 하는 사람은 자기에게 전해진 정보를 읽고 그것에 대하여 구두(口頭)로 적절한 답이나 해설을 한다. 그리하여 결과적으로 한 쪽이 말하면 다른 한 쪽이 쓰는 형식으로 된, 전체가 일관된 회화가 되는 것이다——대개는 말하는 쪽은 오히려 말수가 적은 반면, 쓰는 쪽이 자유로이 맘껏 쓰는 형식으로.

　이 전문적으로 자동기술이라 불리는, 잠재의식 하의 활동의 단순한 형태를 개발하는 일은 누구나 자연스럽게 할 수 있는 것은 아니지만 해 보면 비교적 많은 사람에게도 가능하리라고 생각된다. 또 어떤 사람에게는 이런 일을 하는 것은 현명한 일도 아니며 또 할 만한 가치도 없는 것이긴 하지만.

　이 과정 가운데 정보를 중개하는 역할을 하는 자질은 보통때는 의식하에 잠들어 있는 꿈과 비슷한 의식층이라고 생각된다. 손은 대개는 보통의 생리적인 심리 과정에 따라서 움직이고 있는 것이지만, 단지 이것을 움직이고 있는 것은 흔히 의식해서 사용되는 부분과는 다른 뇌에 있는 신경중추인 것이다.

　어떤 경우, 쓰여진 것의 내용이나 제목은 단순히 이 중추에서 흘러나온 것 뿐이어서 이것은 꿈 이상으로 가치가 있는 것은 아니다. 가끔 보다 초보적인 자동기술로서 초심자에게 사용되는 것이 바로 이런 것으로서, 대부분 이 단계를 벗어나지 못한다. 그러나 메시지가 '증거력이 있는' 것이 될 때에는, 그것은 방금 말한 자동기술을 하는 사람의 잠재의식적인 부분이 텔레파시적인, 또는 무언가 다른 방법인지는 모르지만 그밖의 별개의, 통상적으로는 교류가 가능할 리가 없는 지성적인 존재와 접촉하기 때문이라고 생각된다——그밖의 지성적 존재와는 멀리 떨어진 곳에 있는, 살아 있는 인간이나 또는 접촉하기 쉬운 죽은 사람의 잔존인격인 것이다.

죽은 사람의 잔존인격 쪽이 멀리 떨어져 있는 살아 있는 사람보다 접촉하기 쉬운 까닭은, 전자의 경우에는 흔히 말하는 뜻에서의 거리라는 것이 거의 존재하지 않으므로 그 사람과 다른 사람과의 관계를 맺는 방법이 공간이라는 것과는 다른 것이기 때문이다.

이런 종류의 교신의 존재는 증명되지 않으면 안 된다는 것은 물론 말할 필요도 없다. 그러나 경험에 의해 그것을 증명하는 완전한 증거가 나날이 증가되고 있다.

다음에 좀더 강력한 교신방법으로는, 자동기술자가 자신의 신체조직을 통하여 얻는 정보에 완전하게 주의를 기울이지 않게 될 뿐만이 아니라, 분명히 무의식적으로 트랜스 상태가 되어서 행하는 교신이다.

이 경우에는 그의 생리적인 반응은 좀더 조정하기 쉽게 되며, 그의 정상적인 지성에 의해서 왜곡되는 일이 적어진다. 그 결과, 보다 중요한 특별한 의미를 지닌 정보가 전해지게 된다. 그러나 정보는 다른 사람에 의해서 받아들여지고 다른 사람이 거기에 따라갈 필요가 생긴다. 왜냐하면 이 경우, 트랜스가 진정되어 그 상태에 빠진 자가 깨어났을 때에는 쓰거나 말한 것들을 전혀 기억하고 있지 못하기 때문이다.

이 상태에 있어서의 말은 쓰는 일과 마찬가지로 일반적인 것이 된다. 아니 말하는 쪽이 오히려 일반적이 된다. 그것은 그쪽이 수신자, 즉 메시지가 오는 대상이 되는 친구나 친형제 등에 의해서 보다 받기 쉽게, 번거롭지 않게 되기 때문일 것이다.

트랜스 상태일 때에 통신을 보내는 송신자는 트랜스가 아닌 상태에서 자동기술하는 사람의 손을 움직여서 송신해 오는 인격과 아마도 같은 인격일 것이다. 그리고 송신의 전체적인 성격도 역시 똑같은 성격일 것이다.

이때에 의식은 완전히 죽어 있는 것이 아니라 일시적, 부분적으로 쉬고 있을 뿐이다. 트랜스 상태일 때에는 보통 배후령이라고 불리는 하나의 인격이 등장하여 매우 흥미 있게 된다.

배후령은 영매의 육체를 그 통상의 '소유자'에 의한 지배가 완전히 쉬게 된 상태 속에서 지배하고 사용하는 것이다. 즉 배후령이 영매의 육체의 주인공으로서 그 본래의 '소유자'에 대신하는 셈이다. 이 배후령이라는 특이한 인격에 대해서는 트랜스 상태에 빠져 있는 인간의 잠재의식적인 자아(自我)로서, 그것이 잠간 동안 꿈속에서처럼 표면에 나타나서 해방되어 연출된 것에 지나지 않는다는 설도 있다.

또한 의사나 정신과 의사들은 이중인격 내지는 다중인격(多重人格)으로 알려져 있는 다소 병적인 현상에 바탕을 둔 인격의 변종으로서 관리하기에도 가능한 하나의 인격이라는 설도 있다. 그러나 또 완전히 별개의 지성, 별개의 인격으로서 충분한 실재성을 지닌 것이므로 영매의 인격이나 정신 가운데 있는 것이 아니라는 사람들도 있다.

그러나 이 문제에 관해서는 많은 다른 의견들이 과거에 주장되거나 발표되거나 했고, 앞으로도 계속 다른 의견이 발표될 것이다. 그러나 인정할 수밖에 없는 것은, 배후령의 드라마틱한 외관(外觀)은 틀림없이 별개의 인격——그리고 저승 측에 존재하는 자여서 영매가 우리 인간세계에서 하고 있는 역할과 똑같은 역할을 저승에서 행하고 있는 자라고 말하는 것이다.

영매를 통제하고 메시지를 전하는 것은 그에게 부과된 하나의 의무처럼 보인다——을 지닌 것이 틀림없다는 사실이다. 배후령을 가지고 있는 다양한 성격은 매우 생생하고 통일된 인격을 나타낸다. 그래서 그들의 참다운 성질은 무엇인가에 대해서 교령의 참가자나 실험자가 느끼는 것이 어떤 것이고, 또한 그것이 참말이라고 하더라도 그들의 관심을 끄는 가장 솔직한 방법은 그들을 액면대로 평가하고, 별개의 인격과 책임능력이나 실재성(實在性)도 있는 어떤 참다운 인격으로서 다루는 일이다.

확실히 일부 영매의 경우, 특히 그가 피로해 있거나 할 때에는 배후령은 사라지기 쉽거나 또는 좀처럼 능력을 발휘하지 않는 일이 가끔 있다.

하지만 이것은 별로 중대시할 필요가 없다. 배후령을 진짜 인간처럼 다루는 것은 확실히 우스꽝스러우리라. 그러나 진지한 배후령은 그들 자신의 성격·인격·기억 따위를 가지고 있으며, 또한 사람이 때때로 만나서 이야기를 나누는 상대처럼 어엿한 인격의 계속성을 지니고 있는 듯이 생각된다.

그들은 중도에서 그만둔 이야기를 다음 기회에는 그 다음 부분부터 시작할 수 있고, 앞의 회화에서 말해진 것을 서로 맞는 배후령이라면 참으로 잘 기억하고 있다. 더구나 한편 똑같은 영매가 복수의 배후령을 가질 경우, 똑같은 영매의 배후령이라도 다른 배후령은 그것을 기억하고 있지 않다.

이것은 오히려 자연스럽고 당연하다고 할 수 있을 것이다. 그리고 영매 자신은 트랜스 상태에서 깨어났을 때에는 이런 일은 전혀 모른다.

가장 좋은 경우로는, 배후령이 지니고 있는 인격성은 매우 분명한 것이며, 동시에 그가 친절하게 전해 주는 저승의 송신자의 메시지도 극히 명료하므로 그들은 실재의 인격이라는 이들 심령과학자의 단언(斷言)을 받아들이고 싶어진다는 점이다. 그리고 배후령을 잠깐 동안의 제멋대로의 인격화 현상이 아니라, 우리 측에서 영매라 부르고 있는 인간과 똑같은 종류의, 저쪽에 살고 있는 인격이라고 생각하게끔 되는 것이다.

보통의 교신 과정에서는——큰 슬픔을 맛보고 있는 자에게 때로는 특전적으로 맛보게 되는 직접적인 경우를 별도로 하면——통신을 위한 중개자가 두 사람, 그리고 몇 사람의 '인물'이 포함되는 것이 일반적이다.

우선 저승 측의 생각이나 메시지의 송신자 내지는 발안자 (發案者), 그리고 메시지를 받고 그것을 전달하는 배후령——그는 그 교신 동안 자기에게 대여된 생리적 조직(영매의 육체를 뜻함)을 송신 상태로 만듦으로써 그 일을 한다. 그리고 또 한 사람은 영매인데, 교신중에는 그의 정상적인 의식은 잠자고 있고 생리적 조직만이 이용된다.

그리고 마지막으로 메시지의 마지막 수령자——어쩐지 기묘한 표현이지만——그는 메시지의 수신자이며 메시지를 읽거나 듣거나 해서 거기에 답하거나 하는데, 이 교령의 일련의 체계는 그를 위해서 '설치'되는 것이다. 이밖에 대부분의 경우에 필기자가 교령에 출석한다.

과학적인 실험이나 그밖의 세심한 배려가 필요할 경우에는, 이외에 경험이 풍부한 교령자라는 자도 출석한다. 그의 역활은 이 일련의 송수신(送受信) 체계를 관찰하거나 그 설영(設營)을 하며, 또한 영매의 건강 등에도 주의하거나 한다.

그리고 이것은 초상통신에 익숙하지 않은 사람에게는 흥

미도 없고 이해되기도 어려운 일이지만, 저승의 송신자가 은밀한 것을 송신하려고 할 때에도 영매——즉 이승에서의 교신의 중개자——의 존재는 송신자에게는 전혀 방해가 되지 않는다.
　영매는 없는 것으로 간주될 뿐 아니라 실제로 송신중의 일을 전혀 기억치 못하기 때문이다. 이에 비해서 저승의 송신자가 때때로 싫어하는 것은 배후령, 즉 저승의 지성적 존재——마치 장님의 연애편지를 대필해 주기 위해 대기하고 있는 서기(書記)와 같은 존재로서, 저승의 메시지를 받고 그것을 전하는 역할을 하는 존재——이다.
　또한 참으로 신뢰할 만한 종류의 교령은, 실제의 인격이라고 생각하는 경우에는 때때로 어느 정도의 경험을 거친 저승의 송신자, 그 자신이 영매를 조정하는 경우이다. 이때 송신자는 1인칭으로 말해야 할 것은 1인칭으로 말할 뿐만 아니라, 때로는 그 말하는 사항에 맞는 인칭으로 말을 하며, 게다가 그의 생전에 지니고 있던 성격적 특징도 그 안에 나타낸다. 그러므로 만약 한 사람의 배후령이 실제의 인격이라면 나에게는 다른 배후령을 그렇지 않다고 부정할 이유는 찾아 볼 수 있다.
　나의 음성의 억양, 글투 따위가 가령 이런 식으로 재현된다고는 할 수 없다——확실히 그런 일은 특별한 노력에 의해서 아주 짧은 시간 동안만 일어나는 일이 있긴 하지만.
　그러나 다른 시간에 보이거나 들리는 잔존인격, 본인의 음성이나 문자의 상위는 교신에 사용되는 생리적인 조직이 영매라는 별개의 사람의 것이라는 것은 설명될 수 있다. 또 이런 것들과는 달리 성격상의 상세한 특징, 태도와 감촉같은 것은 그 영매가 송신자 본인을 모르더라도 가끔 충실하게 재현된다.
 또 송신자 본인이 영매를 조정할 경우에는 배후령이 그것을 하는 경우에 비해서 메시지의 성격적 특징, 이야기되는 화제 등은 보다 본인다운 점을 두드러지게 나타낸다.

정신물리학의 방법

　나는 이론화(理論化)하기가 곤란하다고는 생각하지만, 손을 댈 필요가 있는 하나의 조금은 엉뚱한 문제를 피하고 싶지는 않다. 그것은 극히 정상적인 통신의 좀더 초보적인 방법의 기본원리이기도 하며, 이 방법은 많은 사람들이 그것부터 시작하는 것이 보다 간단하다고 하는 것이다.
　손에 연필을 쥐는 대신에 글씨를 쓰기에는 적당치 않은 좀더 큰 나무막대기 위에 손을 놓음으로써도 어떤 종류의 통신을 할 수는 있다. 이때에 나무막대기의 움직임은 복잡하고 통신용 코오드는 초보적인 것이 된다.
　그러나 그 순서나 방법을 분석해 보면 기본적인 원리로서 본질적으로는 연필로 글을 쓰는 것과 별 차이가 없다. 그것은 신호를 보내거나 깃발을 흔들거나 하는 송신기의 팔과 비슷한 것이라고 할 수 있다. 그러나 정신적 활동력을 물질의 움직임으로 바꾸기 위한 방식은 의식적인 활동의 경우와 마찬가지로 잠재의식적인 활동에도 도움이 된다.
　테이블을 두드림으로써 보내는 메시지는 조잡하고 초보적인 것이긴 해도 무심코 보았을 때에 그렇게 생각된 것처럼 그렇게 놀랄만하고 바보스런 것은 아니다.
　무선통신의 송신용 키이를 움직이는 법은 테이블 두드림

보다도 한정된 것이지만 그래도 도움이 된다. 펜이나 연필은 손가락에 의해서 움직여지는 생명이 없는 물질의 한 조각인 것이다. 프랑셰트*는 단지 나무조각에 불과하지만 손에 닿을 때에는 근육의 움직임에 의해서 움직여지는 것으로 추정된다——생명이 없는 나무막대기가 아무런 근육의 움직임의 중개도 없이 특이하게 움직여지고 있듯이.

마치 수맥(水脈) 탐사인의 작은 나뭇가지와 같은 착각을 일으키기는 하지만……. 그러므로 우리는 테이블이나 다른 가구도 정상적인 근육의 힘에 의해서 떨린다고 추측할 수 있을 것이다.

그것은 영매나 교령의 참가자 등 거기에 있는 자의 에너지 이외의 것에 의해서 전해지는 메시지는 테이블에 손을 대고 있는 자의 의식의 범위에 속하지 않는 것이 된다. 그래서 메시지에 의미와 적절함을 부여하는 지령은, 그 사람들 자신의 의식에 의해서 행해지고 있지 않은 것이 된다.

테이블이나 그밖의 도구가 사용될 때에는 저승의 송신자는 저승 측의 중개자——배후령——를 통해서 송신할 때보다도 보다 직접적으로 교령자와 접촉하는 것처럼 느껴진다고 말하고 있다. 그리고 이 때문에 그들은 보다 더 은밀한 메시지를 전할 수가 있으며, 또한 이름이나 특수한 말을 훨씬 쉽게 그리고 보다 정확하게 전할 수가 있음을 발견한다.

이 방법으로 말을 쓰려면 아주 느린 속도로 쓰지 않으면 안된다——그것은 보통 쓰는 일보다도 늦다——이런 점에서

---

*플랑셰트——Planchette, 두 개의 다리와 한 자루의 연필로써 받히고 있는 판으로서, 이 판에 손을 놓으면 그 사람의 의사를 연필이 자동적으로 기록한다.

이는 큰 약점을 가지고 있지만 어떤 점에서는 그것을 상쇄하는 잇점도 있다.
 이 방법이 믿을 만한 것으로 여겨지든 여겨지지 않든 여하튼 그것은 놀랄만한 일인 것이다. 나는 물건이 이런 방법으로 조정되었을 때에는, 그 물건은 정서적 감촉이나 소리의 억양에 견주어도 손색이 없을 만큼 매우 훌륭하게 의사를 전달할 수 있다고 증언할 수 있다.
 무선통신의 송신용 키이는 이것과 비교하면 그 움직임의 범위는 훨씬 한정되어 있어서 단지 'ON'과 'OFF'의 움직임으로 작동할 뿐이다. 이에 반해서 조정되었을 때의 가벼운 테이블은 이미 생명이 없는 것으로는 보이지 않고 살아 있는 것처럼 행동한다,.
 잠깐 동안 그것은 생명을 지니고 있는 것이다──어떤 솜씨 있는 음악가에 의해서 생명이 불어넣어지고 그의 의사에 따르도록 훈련된 피아노나 바이올린처럼 말이다──그리고 이렇게 해서 얻어진 극적인 움직임에도 실로 주목할 만한 점이 있다.
 그것은 한숨이나 확신을 나타내며, 정보를 찾아 그것을 전하며, 분명히 생각해서 대답하며, 신참자에게 환영 인사를 하는가 하면 기쁨이나 슬픔을 나타내며, 즐거움이나 장중함을, 그리고 합창에 참가하고 있는 듯이 노래에 맞춰 박자를 취한다. 그리고 보다 놀랄 만한 일은, 매우 확실한 모습으로 애정까지도 표현한다는 것이다.
 자동기술 중에 영매의 손도 역시 이러한 행동을 할 수가 있다. 또한 보통 사람의 신체가 정서를 표현할 수가 있다는 것도 극히 당연한 일이다.
 이와 마찬가지로 이것들도 어느 정도 지속적으로 생명이

불어넣어지고 있다고는 하지만, 전적으로 물질의 한 조각이라는 것에는 변함이 없다. 그러나 모든 것은 일시적으로 생명이 불어넣어지고 있는 것이다——어느 것이나 영원히 그런 것은 아니다——그러나 그 순간 거기에는 양자를 명확하게 구별하는 경계선이 있다고는 생각되지 않는다.

그러나 우리가 알지 않으면 안되는 것은 어떤 형태의 물질이나 물건이든 영혼의 대리인으로서는 행동할 수 없다는 것과 그리고 물질, 사물이 지니는 각색의 정서도 일시적으로 형태가 주어진다고 밖에는 표현할 수 없다고 하는 것이다.

음악에는 어울리지 않을 듯한 물건——예를 들면 부엌 도구같은 것——으로부터 초보적인 음악을 만든다는 것은 잘 알려진 이색적인 구경거리이다. 이와 마찬가지로 지금까지는 도저히 생각할 수 없었던 것이라도 그것에 어울릴 듯한 물건을 찾아내어 통신의 목적으로 사용하는 것도 똑같은 경우에 속한다.

바이올린에서 인형극의 인형까지, 그 목적을 위해서 만들어진 물건에 의해서 인간의 단순한 정서가 표현되거나 끌어내지거나 하는 것을 우리는 잘 알고 있다. 그러나 완전히 상위한 다른 목적을 위해서 만들어진 물건 중에도 같은 종류의 가능성이 존재하고 있음이 이제 분명해졌다.

테이블 교령은 옛날부처 전해져 온 가볍게 여겨졌던 오락의 일종으로, 많은 가정에 알려져 아무렇지도 않게 행하여져 왔다. 그러나 주의깊은 침착성과 진지한 마음으로 이것을 교신 수단으로 이용할 수도 있다.

정보 활동의 이 초보적인 자세에는 다른 좀더 어려운 방법보다 영매적인 능력은 조금밖에는 필요치 않은 것 같다.

우리가 여기서 분명히 알고 인정해야 할 것이 한 가지 있다. 그것은 그 도구가 연필이든 나무 조각이든 그 물건이 사람의 육체와 직접 접촉해서 움직여질 때에는 대개의 경우, 무의식적인 근육의 움직임이 그것을 그렇게 시키고 있는 것이라는 점이다.

그리고 또한 참가자에게 알려져 있던가 예측되고 있는 듯한 종류의 정보가 알려질 때에는 그것은 조금은 할인해서 생각하지 않으면 안된다는 것이다. 그러나 메시지는 때로는 예기치 않는 사항을 전해 사람을 곤란케 하기도 한다.

이처럼 때로는 그것은 그에게 알려져 있지 않은 정보를 제공해 준다. 이 초상적 가치는 그 통신의 내용에 의해서 평가되지 않으면 안된다.

나는 이 책 속에서 다이렉트 보이스(직접대화), 다이렉트 라이팅(직접기술) 등이나 물질화 현상이라고 불리는 한층 더 사람을 당황하게 하는, 보다 직접적이고 매우 특수한 물리적 현상은 언급하고 있지 않다.

이들 진기한 하나의 관점에서 보면 좀더 발전한 단계——다른 뜻에서 보면 보다 낮은 단계의 것이지만——의 현상 속에서는, 생명을 갖지 않은 물질도 생리적 조직의 직접적인 개입없이 작동되는 듯이 보인다. 그러나 이 경우에도 생리적인 작용은 그 바로 가까이에 존재하고 있음에 틀림없다.

나는 이러한 이상한 현상도 만약 그 본질이 확인되면 그것은 내가 방금 말한 방법 속에 흡수되는 것이라는 것이 명백해지리라고 생각하고 있다.

그래도 쌍방의 것에 대해 보다 잘 이해되기까지는 완전한 설명을 그 두 개의 것 중 어느 것에도 내릴 수 없으리라.

나는 모든 운동은 그것이 설사 직접 사람이 손을 대고 있는 것이라도 근육의 움직임에 의해서 일어난다는 것이 확실하다는 것을 단정하지 않는 한 가지 이유가 여기에 있다. 나는 여기서는 너무 빠른 결론에 대해서는 경고를 말해 둘 뿐인 것이다.

정신물리학적인 상호작용이나 그 활력이라는 총체적인 주제는 좀더 그럴 듯한 때와 그럴 듯한 장소에서 주의가 환기되어야 한다고 생각한다.

하지만 지면(地面)은 항상 너무나 불안정하고 함정이 많다. 그리고 그 영역은 많은 사람들을 끌어 들이는 매력을 가지고 있지 않다. 조직적인 많은 군대가 소집되어 진격을 개시하기까지는, 먼 사정(射程)거리를 가진 대포가 몇 개의 튼튼한 요새를 쳐부수는 것을 기다리기로 하자.

심령과학에 대한 올바른 태도

나는 여기서 먼저 나의 저서인 《살아 있는 자의 망령》의 서문에서 말하고 있는 말을 인용하겠다. 마이어즈는 이렇게 말하고 있다.
"새로운 탐구영역에 붙어다니기 쉬운 혼란은 이미 견고하게 말아 올려진 영역의 풍부한 지식의 축적에 익숙해져 있다. '대학자'들 중에는 자연현상을 별로 달갑게 받아들이지 않는 학자들도 있다.
그러므로 그들이 이 책을 읽는다면, 그들은 유능한 지휘관과 성능을 잘 아는 무기, 탄약을 충분히 갖춘 대군단에서 떨어져 나와 작은 배에 태워져 영문을 알 수 없는 해초가 깔린 바다에 던져지고, 그곳에서 자신의 항로를 찾아가면서 나아가야 하는 기분이 될 것임에 틀림없다. 나는 이 비유가 맞는다고 인정한다. 그러나 한편으로 나는 그들에게 다음과 같이 말하고 싶다. 즉 뜻을 알 수 없고, 본 일도 없는 해초(海草)가 그 바다에 떠 있다면 그것은 새로운 대륙이 그 부근에 있다는 증거이며, 콜롬부스가 북대서양 서인도제도 해역 바다 가득히 해초가 떠 있는 신가소해를 고생하며 지나간 항해는 인류에게 큰 이익을 가져다 준 결과가 되었다고——"
마이어즈가 무슨 말을 하려고 하는가는 내가 새삼스럽게

설명할 필요가 없는 것이다. 대부분의 사람들에게 단순하고 당연한 사실로 여겨지는 것에 대하여, 지식층에 속하는 사람들 대부분이 마음을 굳게 닫고 있는 것은 주목할 만한 일이다.

이에 대하여 심령과학임을 자처하고 있는 사람들은 단순하고 자명(自明)한 자신들의 신념을 피력하고 자신들의 경험을 솔직하게 있는 그대로의 형태로 말한다. 그러나 역사의 경험에 비추어 볼 때, 단순하고 솔직한 마음을 지닌 민중 쪽이 항상 새로운 사실을 받아들이는 능력을 소유하고 있다고 할 수 있다.

확실히 일부의 민중은 때로는 부도덕한 자들에게 속아넘어가서 잘못에 빠질 염려가 있는 것은 사실이지만, 그렇더라도 역사는 이들 편에 서 있다. 새로운 지식의 영역이 넓어지고 새로운 지식이 인류에게 부여되는 것은 항상 이론적인 유추(類推)에 의해서가 아니라 직접적인 경험에 의해서이며, 이 경험을 맨 처음 받아들이는 것은 '어진 사람'이 아니라 단순하고 솔직한 민중인 것이다.

그러나 그렇다고 해서 단순하고 솔직한 사람들은 잘못되어도 좋고, 감각적인 인상에 불과한 것까지도 절대로 확실한 것으로 취급해도 좋으며, 지식층은 그들의 그때까지의 지식의 테두리에서 벗어난 것을 그냥 받아들여도 좋다는 것을 정당화 하는 것은 아니다.

다만 새로운 것은 항상 그때까지의 동떨어진 것이고, 또 단순한 사람들에게 쉽게 옮겨지는 것이라는 것이다.

나는 여기서 '상식'을 둘러싼 시아스터 박사의 재미있는 비유를 소개하겠다. 박사는 상식이란, 훈련을 받지 않는 지식을 말하지만 그 가장 좋은 기능은, 문제의 결론은 보다 명료한 결론이 대체적으로 올바른 결론이라는 것을 이해하는 능력이라고 말한 후, 다음과 같은 말을 하고 있다.
"예를 들면, 개기일식(皆旣日蝕) 때에 태양 주위에 보이는 불꽃에 관한 좀더 분명한 설명은, 그것은 태양에서 분출되는 태양의 증기에 의해서 일어나는 현상으로서, 그것을 실제적인 현상이라고 믿는다고 하자.
 이에 대해서 '학식이 있는' 친구가 나에게 그것은 변칙적인 반사의 원인으로 일어나고 있는 시각상의 착각에 불과하다고 말했다고 하자. 그러면 나는 그 설명은 자신의 상식과는 다르다고 반대한다. 하지만 그는 그가 어째서 그렇게 결론을 내리는가 하는 이유를 들어 나에게 반론을 제기한다.
 그래도 나의 상식이 그의 이론을 받아들이지 않는다면, 나는 단지 나의 상식을 만족시킬 만한 것 이상의 확고한 근거를 그에게 보여 반론을 제기하지 않으면 안되게끔 된다.
 엄밀한 논쟁에 관해서는 상식이라는 것은 아무 소용이 없는 것이다. 그러나 한편 그것은 여전히 세상 사람들을 올바르게 인도하든가, 잘못 인도하는 작용을 하는, 유용(有用)하면서도 잘못되기 쉬운 지표로서의 작용을 지니고 있는 것이다."
 이 이야기의 뜻을 요약하면, 즉 상식적인 설명이란 옳지 않은 경우도 적지 않으며, 그것을 반증할 만한 완전한 이유가 있는 경우에는 존재가치를 갖지 않으며, 한편으로는 그것에 대치될 만한 것이 불명료한 가설 따위인 경우에는 보다 단순하고 명료한 상식적인 설명쪽이 보다 진실일 경우가 많다는 사실이다.
 말을 바꾸어서 하자면, 단도직입적인 설명은 반드시 잘못이라고는 할 수 없다는 말이다.

심령 연구의 분야에서 볼 수 있는 현상에 관해서는, 오랫동안 살아 있는 인간 이외의 지성적(죽은 사람의 인격)가 그 설명의 근거가 되어 있으며, 이 현상은 영혼이 하늘에서 내려온다는 뜻으로 '가령현상·강신(降神)현상'이라고 불리어 왔다.

이 설명에 대치될 수 있는 것으로는, 살아 있는 인간과의 사이에 있는 텔레파시라는 것이 어떤 설명에서도 그 근거라고 주장되어 왔다.

이러한 태도는 꼭 필요한 것이며, 완전히 지당한 것이기도 하다. 그러나 잘 생각해 보면 텔레파시라는 것도 이러한 현상의 설명으로는 '강령'이라는 설명과 마찬가지로 역시 상식적인 시점에서 보면 쉽게 납득이 가지 않는 문제이다. 따라서 텔레파시적인 설명이 영속적인 생명을 지니는 것이라고 한다면 그것은 그렇다고 해도 좋은 것이다.

그러나 나의 판단으로는, 텔레파시적인 해석으로는 설명할 수 없는 현상이 많으나 이에 반하여 '강령'적인 설명에 의하면 실제로 거의 전부가 설명할 수 있는 것이다. 그 결과, 나는 또다시 자기 자신으로 '상식적 설명'이라고 이름붙여도 좋을 지점으로 돌아간 것이다. 즉 시아스터 박사의 비유로 말한다면, 나는 태양 주위에 보이는 불꽃은 실제에 있어서도 눈에 보이는 그대로의 현상이라고 생각하기에 이르고 있는 것이다. 방금 설명한 것은 나 자신의 심령 연구의 역사이며 결론이다.

| 판권 |
| 소유 |

증보판 발행 : 2010년 5월 10일
발행처 : 서음출판사(미디어)
등 록 : No 7-0851호
서울시 동대문구 신설동 94-60
Tel (02) 2253-5292
Fax (02) 2253-5295

발행인 | 이 관 희
본문편집 | 은종기획
표지 일러스트
Juya printing & Design
홈페이지 www.seoeumbook.com
E. mail   seoeum@hanmail.net

*이 책은 저작권법에 의해 보호를 받는 저작물이므로
무단 전제나 복제를 금합니다.
ⓒ seoeum